Matthias Blazek

Die geheime Großbaustelle in der Heide

Faßberg und sein Fliegerhorst 1933–2013

Alle Birken grünen …

Alle Birken grünen in Moor und Haid,
Jeder Brahmbusch leuchtet wie Gold,
Alle Haidlerchen dudeln vor Fröhlichkeit,
Jeder Birkhahn kullert und tollt.

Meine Augen, die gehen wohl hin und her
Auf dem schwarzen, weißflockigen Moor,
Auf dem braunen, grünschäumenden Haidemeer
Und schweben zum Himmel empor.

Zum Blauhimmel hin, wo ein Wölkchen zieht
Wie ein Wollgrasflöckchen so leicht,
Und mein Herz, es singt sein leises Lied,
Das auf zum Himmel steigt.

Ein leises Lied, ein stilles Lied
Ein Lied, so fein und lind,
Wie ein Wölkchen, das über die Bläue zieht,
Wie ein Wollgrasflöckchen im Wind.

Aus: Hermann Löns, Sämtliche Werke in acht Bänden, hrsg. von Friedrich
Castelle, 1. Band, Hesse & Becker Verlag, Leipzig 1923. Der Heidedichter
Hermann Löns (1866-1914) wohnte 1900 und 1901 je vier Wochen bei der
Witwe Marie Heinz in Müden/Örtze, Salzmoor 2, als er in der Lüneburger
Heide seinen Urlaub verbrachte.

Matthias Blazek

DIE GEHEIME GROSSBAUSTELLE IN DER HEIDE

Faßberg und sein Fliegerhorst 1933–2013

ibidem-Verlag
Stuttgart

Bibliografische Information der Deutschen Nationalbibliothek
Die Deutsche Nationalbibliothek verzeichnet diese Publikation in der Deutschen Nationalbibliografie; detaillierte bibliografische Daten sind im Internet über http://dnb.d-nb.de abrufbar.

Bibliographic information published by the Deutsche Nationalbibliothek
Die Deutsche Nationalbibliothek lists this publication in the Deutsche Nationalbibliografie; detailed bibliographic data are available in the Internet at http://dnb.d-nb.de.

Umschlaggestaltung: Josefine Rudolf, Druckerei TSLw 3, Faßberg

Bildbearbeitung und Satz: Matthias Blazek

Wissenschaftliche und sonstige Begleitung:

Oberstabsfeldwebel a.D. Christoph Alexander, Adelheidsdorf
Archivar der Gemeinde Faßberg Eike Bruns, Munster
Oberstabsfeldwebel a.D. Hans Jürgen Lang, Faßberg
Abbildung auf dem Umschlag: Rosinenbomber. Foto: Digitales Archiv TSLw 3. Abdruck mit freundlicher Genehmigung

∞

Gedruckt auf alterungsbeständigem, säurefreien Papier
Printed on acid-free paper

ISBN-13: 978-3-8382-0480-2

© *ibidem*-Verlag
Stuttgart 2013

Alle Rechte vorbehalten

Printed in Germany

Inhaltsverzeichnis

Die geheime Großbaustelle in der Heide –
Faßberg und sein Fliegerhorst
1933–2013

Vorbemerkung

Es stellt sich immer wieder die Frage, wann sich eine Jubiläumsveranstaltung am ehesten anbietet. Vereine und Verbände nutzen gerne jede sich bietende Gelegenheit, einen Geburtstag zu feiern. Im Grunde bieten sich Feiern im 25-Jahres-Rhythmus an, vielleicht auch – wie in früheren Zeiten – als Stiftungsfest im Zehnjahresrhythmus.

Bezogen auf den jungen Ort und Standort der Bundeswehr Faßberg stellt sich die Situation dar, dass die runde oder auch halbrunde Wiederkehr des ersten Spatenstichs im Jahre 1933 oder auch der 44 Jahre später erfolgten Gemeindegründung gefeiert werden kann. Das ist gängige Praxis, bezogen auf die Gründung der jüngsten Gemeinde im Landkreis Celle am 1. Januar 1977.

Getreu dem Motto „Feste feiern, wie sie fallen" wendet man sich im Jahre 2013 der 80. Wiederkehr des ersten Spatenstichs in der kargen Schmarbecker Heide am 8. November 1933 zu, als – völlig geheim – die Grundlage für die spätere Siedlung und „seinen" Fliegerhorst geschaffen wurde.

Gleichsam 80 Jahre Faßberg sind zugleich ein möglicher Grund für das Erstellen einer neuen Publikation. Diese könnte der zivilen und auch der militärischen Seite von Nutzen sein, indem sie einen Punkt allem voranstellt: Faßberg ist ohne das Militär nicht vorstellbar. Und ohne den Fliegerhorst wäre der Ort nicht entstanden.

Nur: Was gibt es Neues zu sagen über den Ort und den Fliegerhorst? Nun, es gibt schon gute und anspruchsvolle Publikationen wie das 1971 von Pfarrer Hans Stärk fertiggestellte Werk „Faßberg" und die Chronik der Gemeinde Faßberg von Christoph M. Glombek aus dem Jahr 2002. Dem dürfte doch eigentlich nichts mehr hinzuzufügen sein, zumindest nicht bis 2002.

Insofern stellt man sich hier einer besonderen Herausforderung, der man aber aufgrund einer einzigartigen Tatsache gerecht werden kann. In Faßberg leben Menschen, die die Geschichte des Ortes mitunter von Anbeginn an miterlebt haben. Das sind zudem Menschen, die glücklicherweise auch von jeher die Möglichkeit zur fotografischen Dokumentation gehabt haben. Diese Fotos werden dem Stab der Technischen Schule der Luftwaffe 3, welche ja nun auch schon seit Gründung der Deutschen Bundeswehr im Jahre 1956 am Standort verwurzelt ist, regelmäßig zur weiteren Verwendung überlassen oder ausgeliehen.

Die Fotoauswahl ist so groß, dass, um in den Soldatenjargon zu verfallen, jede nur mögliche Publikation damit gesprengt werden könnte.

Aber: Es gibt zahllose interessante Fotos, die Geschichte erzählen und über die konkrete Informationen weitergegeben werden können, die der Leserschaft bis dato vorenthalten worden sind.

Das ist die eine Schiene, die im vorliegenden Werk verfolgt werden soll. Die andere Schiene ist der erstmalige oder erneute Einblick in die Akten des Archivs der Gemeinde Faßberg, des Kreisarchivs Celle, die Filmrollen der „Celleschen Zeitung", des Niedersächsischen Landesarchivs in Hannover und des am Ort vorhandenen Luftbrückenmuseums.[1] Einige Blicke in die örtlichen Kirchenbücher sollen die Informationen über die eine oder andere Person abrunden.

Dass hier und da auf die vorhandenen Publikationen Bezug genommen wird, unterstreicht am Ende auch die Wertschätzung des Vorhandenen. Denn jeder bisherige Chronist hat seine eigenen Schwerpunkte gesetzt, sei es mit dem Fokus auf die Entwicklung aller Ortsteile oder aber die Geschichte des Fliegerhorstes und seiner Soldaten im Besonderen.

Dennoch gilt es, neue Schwerpunkte zu setzen, eigene Schwerpunkte. Das Rad soll nicht neu erfunden werden, aber gewisse Dinge können an dieser Stelle einmal neu ins Visier genommen werden, wie beispielsweise das schicksalhafte Jahr 1933 und die Hintergründe zu dem geheimen Bauvorhaben in der Heide, mitten in einer von nationalsozialistischen Gedanken geprägten Zeit, als Deutschland rasant auf einen der folgenschwersten aller dagewesenen Kriege zusteuerte.

In jedem Fall kann die vorliegende Publikation als Ergänzungswerk, als drittes Buch zur Standortgeschichte betrachtet werden. Die Zuhilfenahme der Bücher von 1971 und 2002 ist für die weitergehende Recherche besonders zu empfehlen.

1933 erfolgte der erste Spatenstich. Eine Baukolonne rückte mit Fahrrädern an, um ein Anschlussgleis zu bauen. Die Sache war geheim, und keiner der wenigen Einwohner im benachbarten Schmarbeck oder in Hankenbostel wurde informiert.

Die Feldmark trug den Namen „Schlichternheide", der Baumbestand war damals wohl noch eher gering, und erst durch die Anlage des Fliegerhorstes wurde eine Aufforstung des Gebietes veranlasst.

Weithin unberührte Heidelandschaft

Das Gelände war vor 1933 vermutlich nie besiedelt gewesen; vielmehr breitete sich dort weithin unberührte Heidelandschaft mit einer mäßigen Bodenerhebung, dem vorher in dieser Schreibweise nicht aktenkundigen Faßberg, nach dem der Ort und auch die neu gebildete Gemeinde benannt wurde, aus.

Die Besiedlung hier, zwischen Müden/Örtze und Unterlüß, zählte kaum ein Dutzend alter Heidehöfe mit ihren Bewohnern und hatte sich seit tausend Jahren kaum verändert.[2]

Lüneburger Heide, einsamer Weg nach Schmarbeck. Undatierte Postkarte, vermutlich um 1930. Repro: Matthias Blazek

Einer vom Regierungspräsident in Lüneburg geführten Akte liegt die Karte Nr. 1533 „Eimke" der Preußischen Landesaufnahme von 1899 bei, die vom Reichsamt für Landesaufnahme 1926 mit Nachträgen versehen worden ist. Sie wurde im Maßstab 1:25.000 angelegt. In der menschenleeren „Schlichtern-Heide" nördlich von Schmarbeck sind nahe bei den schnurgeraden Wegen durch die Heide etwa zehn Bienenzäune eingezeichnet. Als topographische Orientierungspunkte dienen das Kiehn-Moor, der Butten-Berg und in dieser Schreibweise der Fass-Berg nordöstlich von Schmarbeck und weiter im Osten der Schießplatz Unterlüß. Vom Ostrand Schmarbecks aus zieht sich ein Waldstreifen in nördlicher Richtung, der in den Forst Lintzel, ein großes Waldgebiet nördlich der Schlichternheide, mündet. Östlich dieses Waldstreifens, nach Norden hin, sind drei Seen eingezeichnet.[3]

Nach der am 30. Januar 1933 erfolgten Machtübernahme Adolf Hitlers (1889-1945) wurde in Deutschland nach geeigneten Orten für neue Fliegerhorste der expandierenden Luftwaffe gesucht.

Für den Aufbau der deutschen Luftwaffe wurden nicht nur Flugplätze und Flugzeuge gebaut, sondern auch zahlreiche Ausbildungszentren geschaffen, die vor allem in den ersten Jahren, zwecks Umgehung der Bestimmungen des Versailler Vertrages von 1919, unter Tarnbezeichnungen auftraten. Im Versailler Vertrag, mit dessen Unterzeichnung der Erste Weltkrieg (1918-1918) endete, war Deutschland die Beibehaltung von Luftstreitkräften einschließlich Lenkluftschiffen in jeglicher Form untersagt worden. Die dem deutschen Militär im Versailler Vertrag auferlegten Beschränkungen führten alsbald zu einer militärischen Verbindung mit Russland, wo die verbotene Flieger-, Panzer- und Gaskampfausbildung betrieben werden konnte. Viele deutsche Angehörige der Luftstreitkräfte hatten schon vor 1933 den Nationalsozialismus unterstützt und betrachteten die Lufthansa als geeigneten Ausgangspunkt einer deutschen Luftwaffe.[4]

Luftbilder als Grundlage

Mit Hilfe von Luftbildaufnahmen des Reichsluftfahrtministeriums in Berlin wurde knapp 40 Kilometer nordöstlich von Celle eine geeignete, unbesiedelte Fläche ermittelt. Die betreffenden Luftbilder vom 6. Juli 1933 werden heute im Niedersächsischen Landesarchiv -Hauptstaatsarchiv Hannover- aufbewahrt.[5]

Ein Zufallsfund ist diese Postkarte, die zunächst, laut der umseitigen Angabe, einen Heidewaldweg zeigt, der von L. Mundhenk in Uelzen fotografiert worden ist. Der handschriftliche Zusatz lautet „von Trauen nach Schmarbeck / 24.8.32.". Die Postkarte zeigt also die Schmarbecker Heidelandschaft unmittelbar vor dem Eingriff des Menschen zum Zwecke des Flugplatzbaues. Sammlung und Repro: Matthias Blazek

Nach unbestätigten Angaben sollen erstmals im Sommer 1932 Architekten der Berliner Wohnbau GmbH bei einem Flug über die unberührte „Schmarbecker Heide" das künftige Baugebiet für einen Fliegerhorst mit Wohnsiedlung erkundet haben. Mit dem Ausruf „Dort unten, da bauen wir den neuen Ort" soll die Entscheidung für den Standort gefallen sein.[6]

Der Architekt Georg Sagebiel (1897-1946) berichtete später: „Mein Auftrag zur Erkundung geeigneten Flugplatzgeländes begann in Müden/Örtze. Mit einem Handgeld ausgerüstet, wohnte ich im Gasthof zur Post. Hier erstand ich eine kleine Touristenkarte und eine Rolle Butterbrotpapier für Skizzen. Meine Vorschläge, skizziert auf dem Butterbrotpapier, drehten sich um den hinter dem Dorf Schmarbeck (östlich) liegenden Hügel, den man ‚Faßberg' nannte. Wir Architekten lebten damals noch in der Meinung, eine Fliegerschule müsste einen Hang haben."[7]

Hermann Kugel sagt, sein Vater, Hermann Kugel sen. (1898-1945), sei bereits im Sommer 1932 als Arbeiter in der Gegend von Schmarbeck tätig gewesen. Er habe in Bonstorf gewohnt und bei der Firma Hochtief und anderen Firmen gearbeitet. Er sei gegen Kriegsende gefallen. Unterlagen würden bestätigen, dass er damals an Planierungsarbeiten in der Schmarbecker Heide, etwa dort, wo später die „Weiße Stadt" entstanden ist, beteiligt gewesen sei. Hermann Kugel, der heute im Haus Gartenstraße 5, dem ehemaligen Wohnhaus des Oberstabszahlmeisters Friedrich Dette (Rote Siedlung), lebt, sagt, anders sei die schnelle Fertigstellung des Fliegerhorstes aus seiner Sicht auch nicht zu erklären. Zeitzeugen aus Schmarbeck, die von den frühen Vorgängen gewusst hätten, seien vorhanden gewesen, inzwischen aber verstorben.

In der zweiten Septemberhälfte des Jahres 1933 reiste eine Delegation unter der Leitung des Grundstücksmaklers Direktor Johannes Ziehl aus Berlin in die Schmarbecker Heide, um den Bauern die betreffenden Flächen für recht ansehnliche Geldsummen abzukaufen.[8] Eine widrigenfalls erfolgende Enteignung wurde dabei nach Erinnerung von Anni Tewes aus dem benachbarten Schmarbeck in Aussicht gestellt.

Luftbild vom 6. Juli 1933: Der vorgesehene Standort lag inmitten eines weitflächigen bäuerlichen Besitzes. Foto: Hauptstaatsarchiv Hannover BigS Nr. 01812

Hermann Tewes, Landwirt und Bruder des damaligen Schmarbecker Bürgermeisters, sagte: „Die hätten uns ja enteignet. Die Grenze aber wurde durch unseren Einspruch bis auf 500 Meter Entfernung gerückt. (...) Wir sind damals einfach vergewaltigt worden."

Friedrich Dette, am 1. Mai 1934 von Munster zuversetzt und dann bei der Liegenschaftsverwaltung mit der Verwaltung der Karten betraut, war selbst an den Flächenerwerben für das Militär beteiligt gewesen. Er widersprach Tewes auf ganzer Linie: „Mit Ausnahme einer kleinen Änderung sind m.W. die Grenzen im Bereich Schmarbeck nicht verändert. Erst im Mai hatten wir eine Amtskasse und nun konnte auch mit der Bezahlung des Geländes begonnen werden. Schwierigkeiten beim Ankauf des Geländes gab es nicht. Das Wort ‚Enteignung' war unbekannt und alle nahmen gern das Geld. Oder ging es den Schmarbecker Bauern besser als ihren Kollegen im übrigen Deutschland? Wo gab es 1933 noch einen schuldenfreien Bauern?"[9]

Über die Hintergründe ließ man die Heidebauern freilich im Dunkeln. Friedrich Dette: „Ich war schon hier, als ich in Soltau hörte, wie der Vormund eines der

Bauern erzählte, daß ein reicher Amerikaner sich bei Schmarbeck einen Flugplatz bauen ließe."[10]

Termin Kesselring/Kröger in Hannover

Im Oktober 1933 besprach der General der im Aufbau begriffenen Luftwaffe, Albert Kesselring (1885-1960), mit der Wohnbau GmbH, Berlin-Dahlem, und dem Architekten Wilhelm Kröger aus Hannover die Gründung eines neuen Fliegerhorst-Standortes in der Heidelandschaft. Der Besprechung schloss sich, wie lediglich die Unterlagen der Wohnbau GmbH berichten, ein Flug über die noch unberührte Landschaft, über Kiefernwälder und Heideflächen an. Der vorgesehene Standort lag inmitten eines weitflächigen bäuerlichen Besitzes.[11]

Der spätere Generalfeldmarschall Albert Kesselring (1885-1960). Digitales Archiv TSLw 3

Nach der Gründung des Reichsluftfahrtministeriums (RLM) am 27. April 1933 unter Hermann Göring (1893-1946) wurde der Aufbau einer neuen Luftwaffe – und damit der Aufbau der Bodenorganisation und neuer Flugplätze/Fliegerhorste – fortgesetzt und nun mit größter Energie vorangetrieben. Besonderen Anteil hieran hatte Albert Kesselring, der im Dezember 1933 als „Commodore" die Leitung der Abteilung „D" im RLM übernahm. Später wurde aus der Abteilung „D" die Abteilung „LD", das Luftwaffenverwaltungsamt. Diese Abteilung war unter anderem für den Aufbau neuer Fliegerhorste zuständig. Da eine deutsche Luftwaffe jedoch noch nicht existieren durfte, musste eine Tarnorganisation geschaffen werden, die formal den Bau der neuen Fliegerhorste leitete. Dieses war die Deutsche Verkehrsfliegerschule (DVS). Die „Baugruppe der DVS" zeichnete für den Bau der neuen Flugplätze verantwortlich. Einer der neuen Plätze entstand nun in der Schmarbecker Heide.[12]

Insgesamt erwarb Direktor Ziehl im Auftrag des Luftschutzamtes des Reichsluftfahrtministeriums 1200 Hektar Bauland. Am 22. Oktober 1933 unterschrieben aus Schmarbeck Johann Heinrich Kuhlmann (192 Hektar), Gerhard Kuhlmann (115 Hektar), Wilhelm Tewes, Bürgermeister, Haus Nr. 2 (195 Hektar), und Hermann Tewes, Bruder des Bürgermeisters, Haus Nr. 4 (56 ½ Hektar).

Einen Großteil des Baulandes traten die Bauern aus Poitzen ab, aus Trauen sind ebenfalls Landverkäufe erfolgt.

Termin beim Notar in Bergen

Eine Originalakte mit den sich aus dem Bürgerlichen Gesetzbuch ergebenden Folgemaßnahmen wird in Faßberg archiviert.[13] Darin finden sich Kaufangebote,

11

Kaufannahmen, Katasterauszüge, Unbedenklichkeitsbescheinigungen und so weiter im Zeitraum 1933 bis 1939. Demnach fanden sich am 28. Oktober 1933 vor dem Rechtsanwalt und Notar Werner Grahn (Bergen, Lukenstraße 38) in Schmarbeck folgende Personen ein:

I. seitens der Realgemeinde Schmarbeck:

1. Hofbesitzer Johann Kuhlmann in Schmarbeck,
2. Landwirt Wilhelm Tewes in Schmarbeck,
3. Witwe Emma Kuhlmann, geb. Alvermann, in Schmarbeck als gesetzliche Vertreterin ihres minderjährigen Sohnes Gerhard Kuhlmann, zur Zeit in Klein-Sehlingen,
4. Landesgerichtsrat Kuhlmann in Verden als Beistand der Witwe Emma Kuhlmann
5. Hofbesitzer Hermann Tewes in Schmarbeck,

II. seitens der politischen Gemeinde Schmarbeck Hofbesitzer Wilhelm Tewes (Ziffer I. 2.)

III. Direktor Johannes Ziehl in Berlin-Lichterfelde.

In dem Kaufvertrag verkauften die Realgemeinde und die politische Gemeinde Schmarbeck von dem ihnen gehörenden Grundbesitz eine Reihe von Parzellen zum Preis von 100,- Reichsmark je Hektar. Den jeweiligen Eigentümern der Höfe Nr. 1 bis 4 von Schmarbeck wurde darin das Recht eingeräumt, „die Parzellen Nr. 55, 16, 60/9, 61/5, 45/3 zum Gehen, Reiten, Fahren, und Viehtreiben zu benutzen, soweit dies zur Bewirtschaftung ihrer Grundstücke erforderlich ist".

Die Kaufvertragsausfertigung für die Familie Kuhlmann, verhandelt im Haus Schmarbeck Nr. 1, ausgefertigt in Bergen am 28. Oktober 1933. Pro Hektar Heideland gleich welcher Güte wurde der durch land- und forstwirtschaftliche Sachverständige der Wehrmacht und der Landwirtschaftskammer ermittelte Richtpreis von 320,- Reichsmark festgesetzt, dazu „als Entschädigung für entgangene Jagd- und Bienennutzung und andere Vorteile pro Hektar 40.- RM". Archiv der Gemeinde Faßberg, Repro: Eike Bruns

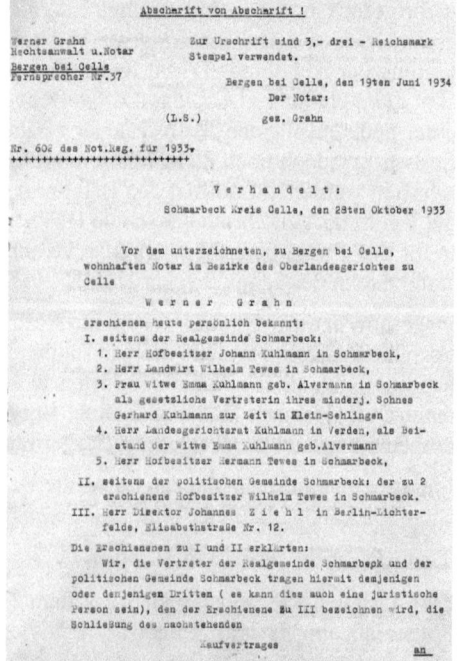

Am 8. November 1933 erfolgte der erste Spatenstich. Eine Kolonne von 42 Arbeitern rückte per Fahrrad an und nahm die Arbeit am Bau eines Anschlussgleises Poitzen-Schmarbeck auf. Anni Tewes aus Schmarbeck erinnerte sich an die nicht übliche Durchreise der Arbeiterkolonne, die danach zunächst den Spaten für einen Knüppeldamm aus Eisenbahnschwellen angesetzt habe.[14]

Das Datum 8. November (Mittwoch), durch Nachricht der Osthannoverschen Eisenbahnen an den Militärpfarrer und Chronisten Hans Stärk vom 13. Februar 1970 bestätigt, gilt als Geburtsstunde von Faßberg, de facto gab es, belegt durch seine 20-Jahr-Feier am 9. August 1954, Faßberg erst im folgenden Jahr 1934.[15]

Anni Tewes erinnerte sich im Zuge des ersten „Faßberger Klönschnack-Abends", der am 27. Februar 1983 veranstaltet wurde, dass ihre Familie am 9. November 1933 nicht mehr im Besitz ihres Landes gewesen und die Arbeiterkolonne am 11. November morgens eingetroffen sei.

Das wäre allerdings ein Sonnabend gewesen, also Wochenende. Vielleicht benötigte die Baukolonne ja mehrere Tage, dann passt es.

Militärisch korrektes Horsttagebuch

Aber es gibt noch eine weitere Version von den anfänglichen, geheimen Vorkommnissen in der Schmarbecker Heide. Militärisch korrekt wurde die Chronik des Fliegerhorstes geführt. Ihr erster Band umfasst den Zeitraum 6. November 1933 bis 24. August 1939, der Fortsetzungsband ist das Kriegstagebuch. Band I wurde in einer Auflage von drei Exemplaren am 28. September 1940 aufgelegt.

Den Einstieg macht die Geschichte der Fliegerhorstkommandantur Faßberg. Als Tag des ersten Spatenstichs wurde dort der 6. November 1933, also ein Montag, angegeben. Das Datum ist allerdings nicht bestätigt, und der Geschichts-Band I ist am Ende eine 1939 erfolgte Abschrift vermutlich ordentlich geführter Tagebuch-Notizen gewesen.

Dieses sechs Jahre umfassende Horsttagebuch aus Friedenszeiten ging einmal an die Fliegerhorstkommandantur und einmal an den Luftwaffengutsbezirk. Den Empfang quittierte der Verwaltungs-Oberamtmann und Gutsvorsteher Karl Taubert (1885-1967), der 1941 nach Dänemark versetzt wurde, am 28. September 1940. Unter dem gleichen Datum wurde ein drittes Exemplar als Einschreiben dem Kommando des Flughafenbereichs Langenhagen übersandt.

Die Geschichte der Fliegerhorstkommandantur Faßberg setzt unvermittelt mit den Ereignissen Anfang November 1933 ein und weiß danach immerhin fünf Monate lang nur Administratives zu vermitteln.

Der erste Eintrag lautet:[16]

Am 6. November 1933 wurde der erste Spatenstich zur Errichtung des Fliegerhorstes Faßberg unter der Tarnbezeichnung „Deutsche Verkehrsfliegerschule, Abteilung Kunze, Flugplatz Faßberg" [wörtliche Rede durch Umstellung des Farbbandes in roter Schrift hervorgehoben][17] *getan.*

Die Bauleitung wurde Dr. Ing. Sagebiel, die Einrichtung der Verwaltung dem Verwaltungsinspektor Kankeleit übertragen. Das Baubüro, sowie das Ge-

schäftszimmer der Verwaltung wurden zunächst in Müden im Hotel zur Post eingerichtet. Nach Fertigstellung der Baracken für die Bauleitung – westlich der Hauptwache – wurde am 15.1.1934 die Bauleitung und die Verwaltung nach dorthin verlegt. Kankeleit wurde am 11. Februar 1934 durch Verwaltungsinspektor Taubert abgelöst, der am 18. Dez. 1933 nach Faßberg versetzt worden war. Der Name Faßberg wurde nach dem in der Nähe gelegenen, 92 m hohen Faßberg, einem bescheidenen Hügel, gewählt.

Das Gasthaus zur Post H. Niemeyer in Müden/Örtze auf einer Postkarte um das Jahr 1920.
Sammlung und Repro: Blazek

Der spätere Oberstabszahlmeister Friedrich Dette, der länger als jeder Offizier oder Beamte auf dem Horst gearbeitet hatte, nämlich vom 1. Mai 1934 bis zum 1. Mai 1945, setzte sich kritisch mit den Angaben in der Chronik Hans Stärks auseinander. Grund: Er wurde nicht richtig eingebunden in die Chronikerstellung, und er war es, der zum Gespräch zu Herrn Stärk gebeten wurde (und nicht umgekehrt).[18]

Zur Anfangsphase bemerkte Dette:

Im November 33 kam hierher

Die Bauleitung der Deutschen Verkehrsfliegerschule
Abteilung Kunze. Baustelle Schmarbeck.

am 1. Mai 1934 kam die Luftwaffe unter folgendem Tarnnamen:

1.) Hanseatische Fliegerschule Abt. H Schmarbeck
2.)   "   "   "   A   "
3.)   "   "   "   B   "

H war Fliegerhorstkommandantur Fassberg
A " Fliegerschule
B " Geschwader Boelke

Bis 1935 wurden die Tarnnamen mit Schmarbeck benutzt und die wirklichen Namen nur im dienstlichen Geheimverkehr.

Aber auch auf diesem Exposé finden sich Berichtigungen. Ein handschriftlicher Hinweis bezieht sich auf die – eigentlich gesicherte – Benennung der Abteilung Kunze: „Kunert 63 – eine Fliegerschule Kunze hat es nie gegeben."

Der für die Bauplanung verantwortliche Architekt war Dr. Georg Sagebiel, der jüngere Bruder des berühmten Architekten Ernst Sagebiel (1892-1970) und spätere Leiter des Entwurfsbüros beim Luftkreiskommando III (anfangs noch „Gehobenes Luftamt III") in Dresden. Er wurde am 6. Januar 1897 als Sohn des Bildhauers Wilhelm Sagebiel und dessen Ehefrau Mathilde in Braunschweig geboren, stieg zum Ministerialrat auf und starb am 5. Februar 1946 in englischer Internierung in Hamburg an einer Lungenerkrankung.[19] Seine Doktordissertation an der Technischen Hochschule Braunschweig (1927) trug den Titel „Wasserflächen und Wasserläufe als raumbildende Elemente im Städtebau".[20]

Dr. Sagebiel, Bauer Tewes und Bauunternehmer Dormeier (v.l.n.r. in die Kamera blickend) bei einer Pause während eines Ortstermins in Schmarbeck 1934. Repro: Bruns

Karl Taubert, der von der Bevölkerung geachtet und geschätzt wurde, übernahm in seiner nach dem Einmarsch der Alliierten niedergeschriebenen Geschichte des Fliegerhorstes und des Ortes Faßberg das in der Kommandantur-Geschichte angegebene Datum. Er schrieb:

Am 6. November 1933 wurde der erste Spatenstich zur Errichtung des Fliegerhorstes Faßberg getan. Als Bauleiter fungierte zunächst Dr.Ing. Sagebiel, der

auch gleichzeitig mit der Wahrnehmung der anfallenden Verwaltungsaufgaben betraut war.

Gemäß einem Erlaß des Reichswehrministers vom 8.1.1934, der an das Wehrkreisverwaltungsamt VI gerichtet war, wurde ich mit sofortiger Wirkung an das Reichsluftfahrtministerium in Berlin kommandiert. Hier wurde mir durch den Ober-Regierungsrat Dr. Plagemann mitgeteilt, daß mir die Aufgabe zugedacht war die Standortverwaltung auf dem Fliegerhorst Faßberg, südlich Munster-Lager, einzurichten. Nach einer 3-wöchigen Einweisung und Einarbeitung in meinen zukünftigen Aufgabenbereich, trat ich am 11.2.1934 die Dienstreise nach Faßberg an.

Die Arbeiten am Bau des Gleisanschlusses gingen schnell voran, sodass bereits Weihnachten 1933 die Arbeiterzüge bis zum Flugplatz durchfahren konnten. Im Winter 1933/34 wurde Faßberg zur Großbaustelle.[21]

„In Gerdehaus, da kräht der Hahn"

In der Hofchronik des „Sohlenhoffes" Tewes (Schmarbeck Nr. 2) heißt es zur Person des Bürgermeisters und Kirchenvorstehers Wilhelm Tewes („Sohlen-Willi", 1882-1952): „Hunderte Arbeitslose und Facharbeiter waren nötig, um den Platz zu bauen. Gar wunderlich erschien es, wie Gleise der Kleinbahn bis hinter den Höfen gelegt wurden. Schon 1910 hatte eine alte Frau aus Müden ihr Gereime: ‚In Gerdehaus, da kräht der Hahn, in Schmarbeck fährt die Eisenbahn'. Nun war es Wirklichkeit geworden."[22]

Der Klempnermeister und spätere Gutsbezirksvorsteher Hugo Weisner (1899-1970) notierte:[23]

In den heute noch vorhandenen Bauleitungsbaracken wurden sämtliche Bauarbeiten mit einem Stabe von Technikern nach den von der Regierung gegebenen Richtlinien abgewickelt. Schon in den ersten Monaten des Jahres 1934 wurden größere Bauaufträge an leistungsfähige Firmen vergeben. Zur Unterbringung der hierzu erforderlichen Bauarbeiten wurde ein Barackenlager hinter Halle I gebaut.

Die Aufträge wurden in folgender Zusammenstellung und Abschnitte erteilt:

Bauabschnitt 1: Halle -I - III und Unterkunftsgebäude 1 - 21.
Bauabschnitt 2: Hallengebäude IV - XII und Unterkünfte 22 - 49.

Die verschiedenen technischen Wirtschafts- und Verwaltungsgebäude wurden nachträglich den einzelnen Bauabschnitten zugeteilt.

Außerhalb der Baustelle trugen die Soldaten zivile Kleidung. Militärlastwagen mit zivilen Kennzeichen lieferten in den folgenden Monaten Baumaterial und technische Ausrüstung an.

In der „Hannoverschen Presse" verlautete später: „Das Wild hatte sich bereits in die Wälder um Trauen und Oerrel geflüchtet und den Handwerkern Platz gemacht, die hier in der Schlichternheide an Hallen, Unterkünften, aber auch an Wohnhäusern bauten."[24]

„Die weiße Stadt". Für die Bauarbeiter des Fliegerhorstes wurden nordwestlich von Schmarbeck hinter Halle 2 dieses Barackenlager mit einfachen Hütten aus weißem Kalkstein errichtet. Das Foto entstand wohl später, die Baracken wurden unmittelbar nach Kriegsende abgerissen und die Steine zum Aufbau von Werkstätten an Faßberger Bürger verkauft. Foto:
Grünhagen, Repro: TSLw 3

Friedrich Weber (1908-1970), der damals als Friseur nach Faßberg gekommen
war, berichtete: „Die Arbeiter aus Uelzen, Soltau, Bergen und Celle wurden
frühmorgens mit der Kleinbahn angefahren, teilweise sogar in Güterwagen. In
der Mitte der Wagen stand ein Kanonenofen, der zur Winterzeit tüchtig qualmte.
Wer in der Nähe des Ofens Platz gefunden hatte, besorgte die Feuerung."[25]

Bereits im Jahre 1933 wurde mit August Röbbeling ein erster Kantinenpächter
eingesetzt. Er war zuerst in der Bauleitungsbaracke und dann in den roten Ver-
waltungsbaracken eingesetzt.[26]

Militärkarriere im Ersten Weltkrieg

Der erste Kommandeur der Bombenschule Faßberg, Oberst Alfred Keller (1882-
1974), hatte bereits eine Militärkarriere im Ersten Weltkrieg (1914-1918) hinter
sich, als er zum 1. Januar 1934 seine Tätigkeit in Faßberg aufnahm. 35 Jahre
danach erinnerte sich der spätere Generaloberst und Befehlshaber der Luftflotte
1, Ostfront, über die Probleme in der Anfangszeit. Sein Bericht trägt den Titel
„Meine Erinnerung an Faßberg":[27]

*Als ich am 1. Januar 1934 nach Faßberg kam, um die Kommandantur und die
Aufstellung des ersten Bombengeschwaders zu übernehmen, fand ich ein Rie-
sengewirr von Menschen und Baumaschinen vor, die in Tag- und Nachtschich-
ten an den einzelnen Objekten der Planung arbeiteten. Je nach Dringlichkeit
befanden sich die Bauten in verschiedenen Stadien ihrer Fertigstellung: Einige
Flugzeughallen standen bereits, desgleichen einige Wohnbauten; andere befanden sich noch im Rohbau, oder es wurden die Fundamente ausgeschachtet.*

*Das Flugfeld bereitete der Bauleitung besondere Schwierigkeiten: Als die Heide
nach Beseitigung der Hindernisse flugbetriebsfertig schien, ergab sich, daß der
Heideboden für den Flugbetrieb großer Maschinen nicht geeignet war; der Luft-
strom wirbelte Staubwolken auf, die für die Sicherheit der Motoren eine große
Gefahr bildeten. Auf Grund meines Berichtes wurde dann beschlossen, das ganze Flugfeld landwirtschaftlich zu bearbeiten. Es war eine gewaltige Arbeitsleis-*

tung: Die Heidefläche wurde umgepflügt, geeggt, mit einer dicken Humus-
schicht bedeckt und dann mit Grassamen besät. (...)

Viele Tage musste der Bereich später mit Flugverbot belegt werden, da die Piste durch den Regen aufgewühlt war.

„Experten" sorgten für Fiasko

Friedrich Dette wusste später von einer unrühmlichen Tat in Bezug auf die Anlage des Flug- oder Rollfeldes zu erzählen:[28]

Bei der Anlage des Rollfeldes waren Experten beteiligt, die nichts von der Heide verstanden. Vorhandene Senken, Löcher usw. wurden ausgeglichen und mit an andrer Stelle ausgestochenen Heideplaggen belegt. Durch die vielen Fahrzeuge und auch durch die Flugzeuge selbst brach die nicht gemähte Heide ab und mit dem losen Sand zusammen gab es bei jedem Start und jeder Landung eine unge-heurige Wolke. Dann kam ein Experte auf die großartige Idee, den Platz mit Öl einzusprühen. Sprengwagen, die sonst die Straßen bewässert hatten, verwandel-ten nun den Platz in eine schwarze Wüste. Sand und Sonne sorgten dann dafür, daß das Öl versickerte oder verdunstete und dann konnte man bei jedem Start oder Landung glauben, auf dem Platz herrsche ein schweres Gewitter, nur viel schwärzer. Jetzt kamen Güterzüge mit Schlachthausabfällen, Kunstdünger usw. und Ottomeyer mit seinen schweren Dampfpflügen und wühlte den Platz um, denn die obere Erdschicht war durch das Öl verdorben und nicht für die Gras-saat zu verwenden. (...) Als nach dem Krieg Öl auf dem Wasser in den Sickerlö-chern am Oerreler Wald festgestellt wurde, vermutete man dort eine Ölquelle.

Amtmann Taubert traf am 11. Februar 1934 aus seinem bisherigen Dienstort Truppenübungsplatz Munster/Lager ein. Die Familie folgte ihm wenig später nach. Zunächst wohnten die Tauberts am Jägerweg (Rote Siedlung) und zogen wenig später in die Dienstwohnung Adolf-Hitler-Damm 61 (heute Große Horst-straße). Karl Taubert erinnerte sich an die Zeit im Fliegerhorst zur Zeit seines Eintreffens:

Außer einer großen Heidefläche, der derzeitigen Bauleitungsbaracke und den Rohkonstruktionen einiger Flugzeughallen fand ich nichts vor, daß [sic!, das] die Entstehung des Fliegerhorstes in der heutigen Form andeutete. Bedingt durch die vielen Bauarbeiter, die an diesem Projekt beschäftigt waren, war selbst in weiterer Umgebung Faßbergs keine Unterkunft zu finden.

Unmittelbar nach meinem Eintreffen suchte ich Herrn Dr.Ing. Sagebiel auf, mit dem ich vereinbarte, daß mir ab sofort alle anfallenden Verwaltungsarbeiten, sowie der Kassen- und Geldverkehr übertragen wurden. Auf meine Frage nach der Entstehung des Namens Faßberg wurde mir mitgeteilt, daß der Fliegerhorst nach dem in der Nähe gelegenen 92 m hohen Faßberg benannt sei.[29]

Der neue „Leiter der Gruppe Verwaltung" (Taubert) und sein Stellvertreter, Friedrich Dette, nahmen sich vor, alle besonderen Vorkommnisse, besonders in Bezug auf die Verwaltung, die für ihre Nachfolger als wichtig erachtet wurden, schriftlich festzuhalten. Dieser Absicht ist es vielleicht zu verdanken, dass die

Chronologie des Fliegerhorstes und die Entstehung des Ortes recht gut dokumentiert sind.[30]

Staatssekretär Erhard Milch zu Gast

Bedingt durch die Drei-Schichten-Arbeit waren die Bauarbeiten am 18. April 1934 bereits so weit fortgeschritten, dass an diesem Tag die erste Landung von drei Flugzeugen auf dem Faßberger Rollfeld erfolgen konnte. Staatssekretär im Reichsluftfahrtministerium Erhard Milch (1892-1972), der bereits den Befehl zum Neubau von vier Bomber-(Flieger-)Schulen, darunter Faßberg, vom 14. August 1933 unterzeichnet hatte, Oberpräsident der preußischen Provinz Hannover Viktor Lutze (1890-1943), General Walter von Reichenau (1884-1942) und Oberst Keller besichtigten an dem Tag den Fliegerhorst, um sich von dem Fortschritt der Bauarbeiten zu überzeugen.[31]

Schon am 1. April 1934 stellte man auf dem Fliegerhorst das Kampfgeschwader 154 mit drei Staffeln Dornier Do 11, Do 23 und den dreimotorigen Junkers Ju 52-Bombern auf.[32]

Parallel entstand die Große Kampffliegerschule Faßberg. Geschult wurde auf kleineren Hochdeckern, wie beispielsweise Arado Ar 66, Heinkel He 45 und Heinkel He 46.

Die alte Tarnbezeichnung für den Fliegerhorst wurde bis zum 30. April 1934 beibehalten. Belegt wurde der Fliegerhorst am 1. Mai 1934 mit der Fliegerhorstkommandantur unter der Tarnbezeichnung „Hanseatische Fliegerschule e.V., Flughafenleitung, Abteilung H" und dem Vorkommando der Kampfgruppe I/154 unter der Tarnbezeichnung „Hanseatische Fliegerschule e.V. Abteilung B".[33]

Am 1. April 1934 wurde die Aufstellung von sechs Luftkreiskommandos (Tarnname: „Gehobenes Luftamt") zur Abdeckung der territorialen militärischen Luftwaffenkommandobehörden befohlen, darunter das Luftkreiskommando IV Münster. In der folgenden Zeit wurden „Sportflugplätze" nach dem damals modernsten Stand mit großen Hallen und weiträumigen Unterkünften errichtet. Es entstanden beispielsweise die „Höhenflugzentrale des Deutschen Flugwetterdienstes" als getarnte Kampffliegerschule Lager-Lechfeld südlich von Augsburg und die „Hanseatische Fliegerschule e. V." als Kampfgeschwader 154 Faßberg in der Schmarbecker Heide.[34]

Der Fliegerhorst wurde dem Luftkreiskommando L.K.K. IV Münster unterstellt, das noch die Bezeichnung „Luftamt Münster" führte. Die Anschrift der Fliegerhorstkommandantur für als „geheim" und „geheime Kommandosache" eingestufte Schreiben lautete „Fliegerhorstkommandantur – Kriegsspielverband – Faßberg". Fliegerhorstkommandant und Kommandeur der Kampfgruppe I/154 wurde der damals 51 Jahre alte Oberst Alfred Keller.[35]

Als Oberstabszahlmeister Friedrich Dette zum 1. Mai 1934 von Munster zuversetzt wurde, konnte er noch kein einziges massives Gebäude auf dem Platz ausmachen. Er schrieb als Antwort auf die Erinnerungen von Alfred Keller: „Am 1. Mai 1934 war noch kein massives Gebäude und keine Halle fertig, nur einige

Holzbaracken. Zur Unterbringung von Unterkunftsgerät, Bekleidung usw. haben wir Stallzelte von Munster geholt. Die ersten aus Steinen gebauten Gebäude waren die provisorischen Arbeiterbaracken hinter Hallen 1-3 (Weiße Stadt). Die ersten Flugzeuge standen in den Hallen 4 u. 5.“[36]

Untergebracht wurde das Personal, wie die Geschichte der Fliegerhorstkommandantur berichtet, zunächst in den so genannten roten Baracken, westlich der Bauleitung. Als erstes massives Gebäude wurde erst im Mai 1934 Halle 3 fertig, die nun allen möglichen Zwecken diente, nämlich als Lagerraum, Versammlungsraum, Kinosaal und so weiter. Im Juni waren dann die Gebäude 1 bis 15 im Rohbau fertig gestellt. Haus 1 wurde nun mit etwa 80 Mann belegt, obwohl noch nicht einmal die Türen eingesetzt waren.[37]

Über das erste in Faßberg stationierte Flugzeug wusste Friedrich Dette Folgendes zu berichten: „Die erste Maschine, die (in) Fassberg stationiert wurde, war eine Ju 52, die Oberst Keller irgendwo bei der Lufthansa organisiert hatte. Ich selbst habe den telef. Auftrag von ihm entgegengenommen, sofort Handwerker zu beauftragen Bänke anzufertigen und Riemen zum Anschnallen zu besorgen. Mit dieser Maschine hat er und ein Hauptm. dann die Arbeiter spazieren geflogen. Die Leute sollten sich auch von oben einmal ansehen, was sie geschaffen hatten.“[38]

Geheime Kommandosache

Als „Geheime Kommandosache“ mit dem Dringlichkeitsvermerk „Eilt“ erging unter dem 9. Mai 1934 aus Berlin ein Schreiben, betreffend die Aufstellung von Fliegerhorstkommandanturen, und zwar jene 17 in Neuhausen, Staaken, Rechlin, Tutow, Prenzlau, Döberitz, Jüterbog, Neuruppin, Cottbus, Celle, Faßberg, Braunschweig, Hildesheim, Gotha, Schleißheim, Lechfeld und Kitzingen. Der angeschriebene Verteiler wurde um Mitprüfung und Ergänzung bis 19. Mai 1934 gebeten. „Einhaltung des Termins ist unbedingt erforderlich, da die Herausgabe der Befehle bis spätestens 1.6.34 erfolgen muss.“[39]

Daraufhin verfügte der Reichsminister der Luftfahrt in Berlin unter dem 4. Juni 1934: „Gem. o.a. Verfg. erfolgt am 1.7.1934 die Aufstellung der Fl.Horstkommandantur in Faßberg. Die Leitung der Aufstellung erfolgt durch das R.L.M. (L.A.). Es werden aufgestellt: a) Am 1.7.34: Die Fliegerhorstkommandantur (ohne Nachr.Zug). b) Am 1.8.34: Der Fliegerhorstnachrichtenzug (mot) ohne Fl.Fernsprechbetriebstrupp. c) Am 1.10.34: Der Fl.Fernsprechbetriebstrupp.“

Angeordnet wurde in dem Schreiben, dass am 1. Juli 1934 in Faßberg „eingetroffen sein müssen“: vollzählig die Gruppe Kommandant, vollzählig die Gruppe Flughafenbetrieb, vollzählig die Gruppe Nachrichtenverbindungen und vollzählig die Kraftwagengruppe. Am 1. Oktober 1934 sollte der Rest eingetroffen sein. Als Kommandant des Fliegerhorstes Faßberg sollte bis auf weiteres der Kommandeur des Kampfgeschwaders 154 dienen. Derselbe sollte hinsichtlich bodenorganisatorischer Angelegenheiten dem Befehlshaber im Luftkreis IV unterstehen, für die Dauer der Aufstellungszeit (bis 30. September 1934) in reinen Aufstellungsmaßnahmen (Zuweisung an Personal und Material) aber dem Reichsluftfahrtministerium unmittelbar. Festgelegt wurde ferner die Bildung einer Flieger-Sanitätsgruppe durch das Flieger-Sanitätspersonal des Kampfgeschwaders 154 Faßberg. Eine Einschulung des Personals für das laufende Schuljahr wurde verneint. Als Tarnbezeichnung wurde „Hanseatische Fliegerschule e.v." festgelegt, als Anschrift Flughafenleitung der Hanseatischen Fliegerschule e.v., Schmarbeck über Unterlüß (Provinz Hannover) als Zivilanschrift und Kommandantur des Truppenübungsplatzes Munster als militärische Anschrift. Auf dem inneren Umschlag hatte „HBL Faßberg" zu stehen."[40]

Dem „ungeheuren Bautempo", wie Gutsvorsteher Taubert es in Worte fasste, hatte sich auch die Standortverwaltung in der Beschaffung der Unterkunftsgeräte und der Ausstattung der Gebäude mit denselben anzupassen.

Erst mit dem Start des Flugplatzbaues entstand auch die Ortschaft Faßberg. Hier wurden Häuser für das Luftwaffenpersonal mit ihren Familien errichtet. Im Jahre 1934 begannen die Bauarbeiten, die bis 1938 andauerten.

Frühe Planungen zur Lage der Siedlung mussten zunächst aufgegeben werden, da der Baugrund um Schmarbeck zu nass war. Die in den Jahren 1933 bis 1935 gebaute Hauptwache (Schmarbecker oder Alte Wache) wurde nie als solche benutzt.

Die Planer der Zivilsiedlung Faßbergs stellten sich eine Ausrichtung des Ortes auf diese repräsentative „Schmarbecker Wache" vor. Gerahmtes Foto der Gemeinde Faßberg

Schulwesen

Ein frühes Thema war der Schulbesuch der etwa 60 Kinder der Luftwaffensiedlung. Bereits in einer Sitzung vom 7. November 1933 fasste der Kreisausschuss Celle den Beschluss, die durch die Neugründung entstehenden Mehrkosten an Schul-, Kirchen- und Fürsorgelasten durch den Kreis zu übernehmen. Wegen der begrenzten Aufnahmefähigkeit der benachbarten Schulen von Müden,

Schmarbeck und Poitzen wurde am 4. April 1934 der Bau einer eigenen, zwei-klassigen Schulklasse in Faßberg vorgesehen und ein Bauplatz in der damals noch Poitzener Gemarkung auserkoren.

Kurze Zeit später, am 7. April 1934, hatte Landrat Wilhelm Heinichen (1883-1967) einen Termin in Berlin, um dort die „Schulangelegenheit Faßberg-Schmarbeck" zu erörtern. Die Ergebnisse dieses Termins teilte Heinichen dem Regierungsrat Dr. Richard Plagemann (1893-1967) in Berlin W 8 unterm 17. April 1934 mit.[41]

Die Einrichtung einer privaten Volksschule schloss der Landrat quasi aus, zumal der Preußische Unterrichtsminister durch Erlass vom 3. Juli 1930 die Umwandlung der bis dahin von der Firma Rheinmetall in Unterlüß betriebenen privaten Volksschule in eine öffentliche verlangt und durchgesetzt habe. Die Verpflichtung der Wohnsitzgemeinde, den Besuch der schulpflichtigen Kinder der öffentlichen Volksschule zu ermöglichen, stellte das Schreiben voran. Die Leistungen, die infolge der Ansiedlung zur Änderung oder Neuordnung der Gemeinde-, Kirchen- oder Schulverhältnisse erforderlich würden, seien von der Genehmigungsbehörde festzusetzen. Auf diesem Wege sei festzustellen, „welche Leistungen die von dort vorgesehene Wohnungsbau-A.G. für Schulzwecke, darüber hinaus aber auch für Gemeinde- und Kirchenzwecke zu übernehmen hat".

Das landratsseitige Schreiben legte keineswegs fest; es empfahl und wog die Möglichkeiten untereinander ab. Es stellte allerdings auch fest, dass die gegenwärtigen Schuleinrichtungen von Schmarbeck nicht geeignet seien, etwa 60 neue Kinder, also zwei neue Klassen, aufzunehmen. Zur Lage der benachbarten Schulen verlautete:

Schmarbeck verfügt über 2 einklassige Schulen, von denen die eine 7 km entfernt auf dem Schießplatz Unterlüß liegt, die andere 4 km entfernt in Niederohe. Die Lage dieser Schulen erklärt sich daraus, daß sowohl in Unterlüß wie in Niederohe die durch die Rheinmetall bzw. durch die Kieselgurindustrie herangezogene Arbeiterschaft sitzt. Die Schule in Poitzen – 3 km entfernt – ist ebenfalls einklassig und nicht geeignet, eine nennenswerte Zahl von Schülern aufzunehmen, doch dürfte dieser Umstand auch nur ein vorübergehender sein. In diesem Zusammenhang darf ich noch darauf hinweisen, daß für Kinder, die eine höhere Schule besuchen wollen, die Christianschule und die Hacciusschule in Hermannsburg – 13 km entfernt – in Frage kommen. Ich darf auf das am 6.d.Mts. überreichte Prospekt dieser Schulen Bezug nehmen und füge in der Anlage ein weiteres Prospekt bei.

Was den Bauplatz für die zu errichtende neue Schule anlangt, so darf ich übrigens darauf hinweisen, daß dieser Platz kommunal-politisch zur Gemeinde Poitzen gehört, der zweckmäßiger Weise umgemeindet werden müßte, wenn die Schmarbecker Schule dort errichtet werden sollte.

Im übrigen halte ich eine Besprechung des ganzen Fragenkomplexes mit dem Herrn Regierungs-Präsidenten schon deswegen für angezeigt, weil die Frage der kommunal-politischen Neugliederung des Schmarbeck-Poitzener Gebietes doch besprochen werden muß und zwar einmal wegen der Auseinandersetzung mit Poitzen. Weiter liegt aber auch ein zunächst zurückgestellter Antrag der Gemeinde Unterlüß auf Abtrennung des Schießplatzgeländes, was jetzt noch zu Schmarbeck gehört, vor. Schließlich wäre auch die Frage zu prüfen, ob aus den Anlagen der D.V.S. eine eigene Gemeinde zu bilden ist. (...)[42]

Der Landrat beendete sein Schreiben, wie damals üblich, „mit deutschem Gruß".

Luftamt drängte auf Beschleunigung

Der Präsident des Luftamts Münster, Hansaplatz 2 in Münster (Westf.), drängte mit Schreiben an den Landrat in Celle vom 23. August 1934 auf eine beschleunigt erteilte Ansiedelungsgenehmigung. Einleitend heißt es da: „Für die Zwecke der Hanseatischen Fliegerschule e.V., Fassberg [sic!], werden im Gemeindebezirk Schmarbeck Krs. Celle von der Wohnbau G.m.b.H. zahlreiche Wohngebäude errichtet. Ebenso sind in anderen Gebäulichkeiten der Neubauleitung Wohnungen enthalten." Landratsamtsseitig wurde das Luftamt Münster unterm 25. August 1934 um einen Lageplan gebeten, aus dem sich die Lage der Wohngebäude zu den öffentlichen Wegen und außerdem ergebe, in welchem Gemeindebezirk die Siedlung liege. Aus Münster kam am 17. September die Antwort, ein solcher habe noch nicht fertiggestellt werden können. Die Angelegenheit wolle man beschleunigt weiterverfolgen.[43]

Monate verstrichen, ohne dass weitere Bemühungen des Luftamtes Münster in dieser Sache zu erkennen waren. Also fasste das Landratsamt am 6. Februar 1935 nach. Nun kam Bewegung in die Angelegenheit. Auf dem Dienstweg wurde eine Karte zur Anfertigung einer Pause und Weitergabe an den Landrat in Fallingbostel vom Reichs- und Preußischen Minister des Innern über den Regierungspräsidenten nach Celle geschickt. Aber erst am 20. Mai 1935 wurde die Kommandantur des Fliegerhorstes Faßberg um Eintragung der Grenzen des Flugplatzes und des übrigen zur Bebauung und so weiter erworbenen Geländes gebeten. Dieser und der nachfolgende Schriftverkehr wurden wegen ihrer besonderen militärischen Bedeutung mit „Geheim" eingestuft. Und die Fliegerhorstkommandantur reagierte prompt: Am 24. Mai 1935 gab Hauptmann (E) Windmöller, Offizier z.b.V. der Kommandantur, die mit rotem Stift überarbeitete Karte wieder auf den Postweg nach Celle.[44]

Häuser unterschiedlich gefärbt

Parallel zur Anlage des Fliegerhorstes entstand der Ort selbst. Um Wohnraum für die Truppenangehörigen und die Zivilbediensteten zu schaffen, schufen verschiedene Baugesellschaften, wie die Norddeutsche Bauträger G.m.b.H. in Berlin W 8 (Arbeitersiedlung), in der neuen Wohnkolonie Faßberg drei Siedlungen. Die Rote Siedlung wurde in den Jahren 1934 bis 1936 aus dem Boden gestampft; sie wurde den Offizieren und Beamten zugedacht. Das Horsttagebuch notiert den Baubeginn für die Häuser 1 bis 60 am 15. Juni 1934. Demnach sind die ersten Häuser in Faßberg am Jägerweg und anschließend am Waldweg entstanden. Diese erste Bebauungsphase endete am 1. Oktober 1934. Die Häuser 61 bis 69 am Lönsweg und General-Litzmann-Weg (ab 1946 Speckmannsweg) errichtete man in der Zeit vom 1. November 1934 bis 1. April 1935.[45]

Die Rote Siedlung im Bau. Archiv Eike Bruns

Die Weiße Siedlung (Haus 1 bis 100) für die Arbeiter war bis Oktober 1936 be-
zugsfertig. Die Graue Siedlung für die unteren Beamten und Unteroffiziere im
östlichen Bereich der neuen Magistrale schloss am 24. November 1938 die Bauvorhaben ab. Die Bezeichnungen gingen auf die Farbe der Häuser zurück, die
unterschiedliche Wohnflächen aufwiesen.

Im Horsttagebuch erfolgte eine zusammenfassende Darstellung nach Abschluss
der einzelnen Siedlungen:[46]

*In Verbindung mit dem Fliegerhorst ist in den vergangenen Jahren eine große
Wohnsiedlung für Offiziere, Soldaten, Beamte, Angestellte (rote Siedlung) und
Arbeiter (weiße Siedlung) errichtet worden.*

*In der roten Siedlung wurde Haus 1 - 60 in der Zeit vom 15.6.1934 bis
1.10.1934, Haus 61 - 69 in der Zeit vom 1.11.1934 bis 1.4.1935, Haus 70 - 185
in der Zeit vom 15.7.1935 bis 1.11.1936, die Geschäftshäuser in der Zeit vom
1.8.1935 bis 1.4.1936 errichtet.*

*Die weiße Siedlung (Haus 1 - 100) wurde im Frühjahr 1936 begonnen und im
Oktober 1936 bezogen.*

Die Gebäude im Verlauf der Poitzener Straße dienten den Arbeitern als Unterkunft. Sie wurden komplett gemauert und der First mit Holz verkleidet. Nach
der Fertigstellung des Fliegerhorstes sollten sie nach unbestätigten Angaben
wieder abgerissen werden. Dazu kam es aber nicht. Die Gebäude waren mit einem Hochkeller ausgestattet und hatten einen Raum für Tierhaltung (Schweine,
Hühner und so weiter). Zuerst hatten sie auch keinen Anschluss an die Kanalisation. Es gab dort (wie auch in der Grauen Siedlung) Güllegruben, die von Hand
entleert wurden (Gartendünger). Jeweils im Frühjahr, wenn der Garten umge-
graben und bestellt wurde, wurden die Gruben entleert, so Gemeindearchivar
Eike Bruns.

Gutsvorsteher Karl Taubert erinnerte sich später an die Schwierigkeiten, die sich
mit dem Eintreffen der Familienangehörigen ergaben. „Der Ort hatte zu diesem
Zeitpunkt noch keine eigene Gemeindeverwaltung. Aus diesem Grunde wurde
der Gemeinde Schmarbeck die Erfassung, Überwachung und Versorgung der
Zivilpersonen übertragen. Bereits nach kurzer Zeit war diese Gemeinde jedoch

nicht mehr im Stande das anfallende Arbeitspensum zu bewältigen, so daß sie um Abhilfe bat. Auf Grund vieler Versorgungsschwierigkeiten, die sich aus der Isolierung Faßbergs ergaben, und sich insbesondere auf dem Gebiet der Kohleversorgung der privaten Haushalte zeigten, wurde Faßberg dann höheren Ortes als Insel erklärt."

Am 24. Juli 1934 besichtigten Staatssekretär Erhard Milch, Oberst Bruno Loerzer (1891-1960), Oberst Ernst Udet (1896-1941), Oberst Friedrich Christiansen (1879-1972) und am 5. August 1934 der spätere General der Flieger Albert Kesselring (1885-1960), Oberregierungsrat Dr. Richard Plagemann (1893-1967) den Fliegerhorst Faßberg. In jener Zeit richtete man ein besonderes Augenmerk auf das Großprojekt in der Heide, sodass am 6. September 1934 der Reichswehrminister, Generaloberst Werner von Blomberg (1878-1946), der Präsident des Höheren Luftamtes in Münster General Hans Halm (1879-1957), erneut General Kesselring, der Kommandeur der 1. Flieger-Division General Hugo Sperrle (1885-1953) und zum wiederholten Male auch Oberst Christiansen den Fliegerhorst Faßberg besuchten.[47]

Schlägerei in Baven angezettelt

Eine kleine Randerscheinung zu damaliger Zeit erwähnt der Bavener Chronist Hartmut Rißmann in einem zweiteiligen „Sachsenspiegel" der „Celleschen Zeitung" zur Fliegerhorstgeschichte. In Faßberg seien damals viele Arbeiter aus dem Eichsfeld beschäftigt gewesen. Sie seien als raue Gesellen beschrieben worden. „An den Wochenenden suchten sie die umliegenden Schützenfeste auf und manchmal auch heim. Im Juli 1934 zettelten sie auf dem Bavener Schützenfest eine handfeste Schlägerei an, bei der es Verletzte gab."[48]

Bis Ende September 1934 war der zweite Bauabschnitt, die Häuser 21 bis 49, so weit fertiggestellt, dass diese bezogen werden konnten. Der Fliegerhorst war bis Ende 1934 zwar noch nicht endgültig fertig gestellt, jedoch für den Schulbetrieb als genügend ausgebaut erachtet.[49]

Die strenge Geheimhaltung damals und der Auftrag an die Architekten, das gesamte Bauvorhaben unter Berücksichtigung aller Tarnungsmöglichkeiten vorzunehmen, führte dazu, alle Gebäude in dem der Landschaft entsprechenden, niedersächsischen Stil auszuführen. Die großen Heidehöfe dienten Georg Sagebiel dabei als Vorbild.

Hugo Weisner spricht von Fehlentscheidungen, weil die Größe und der Umfang des Flugplatzes „nicht annähernd" bekannt gewesen seien. „Die Tarnungsansprüche führten auch dazu, das mag hier erwähnt werden, daß der Haupteingang und damit die Verwaltungs-Kommandantur und die Wachgebäude von Schmarbeck hergeführt wurden."[50]

Als Georg Sagebiel Faßberg im Oktober 1934 verließ, waren außer den Hallen an die 50 Gebäude fertiggestellt und bereits von einem Vorkommando der als „Hanseatische Fliegerschule" getarnten Kampffliegertruppe belegt.[51]

Carl Vincent Krogmann (1889-1978), seit 1933 Erster Bürgermeister Hamburgs, wurde bei einer Gelegenheit zum „Militärflugplatz Schmarbeck" geführt und führte darüber wie sonst auch Tagebuchaufzeichnungen.[52]

Was im übrigen Deutschland wirklich geleistet wurde, erfuhr ich, als ich Mitte Oktober 1934 nach der Felddienstübung der Hamburger Polizei auf dem Truppenübungsplatz Munsterlager gemeinsam mit dem Reichsstatthalter nach dem Militärflugplatz Schmarbeck fuhr. Ich schrieb damals:

„Wir waren alle völlig überrascht von dem, was dort in ganz kurzer Zeit geleistet worden ist. Es ist der größte Flugplatz in Europa und vorbildlich eingerichtet. "

Auch im Ausland blieb die verbotene Aufrüstung nicht verborgen, wie dieser anonym veröffentlichte Text von 1934 belegt:[53]

Teils Neubauten, teils Erweiterungsbauten finden in Harburg a. d. Elbe, in Trenklau, in Faßberg und im Lager Ledersfeld statt. Ein 18.000-Morgen großer Hafen wird bei dem von allen Verkehrszentren abgelegenen Schmarbeck nahe der Lüneburger Heide gebaut. Die Flugplätze, die wie dieser und wie die Grenzhäfen zweifelsfrei militärischen Zwecken dienen, sind überwiegend mit unterirdischen Hallen und Belegschaftsräumen ausgestattet.

Das Vorkommando der Kampffliegerschule Faßberg traf am 1. Oktober 1934 unter der Tarnbezeichnung „Hanseatische Fliegerschule e.V., Abteilung A" unter ihrem Kommandeur, Major Philipp Zoch (1894-1949), ein.

Eine Bekanntmachung, betreffend die Aufhebung der über den eingefriedigten Teil des Flugplatzes führenden öffentlichen Wege in der Gemarkung Schmarbeck, versuchte der Landrat in Celle soweit noch möglich, mit Blick auf deren Wortlaut auszusetzen. Zu spät, wie der Landrat erfahren musste; denn in der „Celleschen Zeitung" war sie bereits abgedruckt gewesen. Eine neue Bekanntmachung, die mit der „Leitung der Deutschen Verkehrsfliegerschule in Schmarbeck" abgestimmt worden sei, schickte der Landrat dem Bürgermeister Tewes, der sich 1934 als Leiter einer Landgemeinde kurzzeitig „Gemeindeschulze" nannte, unterm 12. Oktober 1934 eine neue Version, die an die Herren Gemeindeschulzen in Oerrel, Trauen und Dreilingen sowie den regimetreuen „Celler Beobachter" in Celle, die Regierungs-Amtsblattverwaltung in Lüneburg und dem „Soltauer Kreisblatt" weitergeleitet werden sollte.[54]

Hermann Göring verlieh persönlich „Fliegerschwert"

Am 7. November 1934 besichtigte General Hermann Göring (1893-1946), der damalige Reichsminister der Luftfahrt und spätere Oberbefehlshaber der deutschen Luftwaffe, den Fliegerhorst. Die Truppe nahm, weil es an diesem Tage stark regnete, in Halle 12 Aufstellung. Göring hielt eine Ansprache und überreichte anschließend Oberst Keller als erstem das „Fliegerschwert". Die ersten Worte in seiner Ansprache: „Ich stehe hier vor dem ersten deutschen Bombengeschwader."[55]

Spätestens jetzt zeigte sich, dass die damaligen „Experten" mit ihrem Öleinsatz dem Fliegerhorst einen Bärendienst geleistet hatten. Friedrich Dette war dabei und sah, was gerade in diesem wichtigen Augenblick passierte: „Der Empfang sollte in Halle 7 stattfinden. Vorher kam ein Regenguss, den die Heide ohne weiteres geschluckt hätte. Aber die schöne Ölschicht! Halle 7 stand unter Wasser und der Empfang fand in Halle 12 statt."[56]

Hermann Kugel (* 1926) hatte Hermann Göring als Lehrling (Stift) persönlich kennengelernt und erzählt, derselbe sei vermutlich häufiger, wenn auch inoffiziell, auf dem Fliegerhorst untergebracht gewesen. Immerhin sei er ihm in seiner Jagduniform begegnet. Göring, der „Reichsjägermeister", sei gerne mit den umliegenden Bauern auf die Jagd gegangen.[57]

Anfang 1935 waren die Einrichtungen des Fliegerhorstes soweit gediehen, dass die Truppe ihren Dienstbetrieb in vollem Umfang aufnehmen konnte, notierte der Gutsvorsteher Taubert später. Die Kampffliegerschule Faßberg war inzwischen durch eingetroffene Mannschaften aufgefüllt worden und nahm am 1. Januar 1935 den Lehrbetrieb auf.[58]

Der Gesamtkostenaufwand bis zur Fertigstellung des Platzes im Jahre 1935 wurde mit 40 Millionen Reichsmark beziffert, was nach heutigem Wert etwa 200 Millionen Euro entspricht.[59]

Der Chef des Luftkommandoamtes, Generalmajor Walther Wever (1887-1936), besichtigte am 6. Februar 1935 den Fliegerhorst, berichtet die Chronik der Fliegerhorstkommandantur Faßberg.

1935 erforderte der Flugbetrieb einen Ausbau – der Platz wurde erweitert, viele Gebäude, darunter neun Flugzeughallen und ein großes Tanklager, wurden errichtet.

Das „Reichsarbeitsblatt" machte 1935 die „Tarifordnung für die Baustelle Schmarbeck-Faßberg" bekannt.[60]

Tarifordnung für die Baustelle Schmarbeck-Faßberg.

Gemäß § 32 des Gesetzes zur Ordnung der nationalen Arbeit vom 20. Januar 1934 (Reichsgesetzbl. I S. 45) erlasse ich nach Beratung in einem Sachverständigenausschuß für die Baustelle Schmarbeck-Faßberg folgende Tarifordnung:

1. Für die Entlohnung der nichtständigen gewerblichen Arbeiter gilt der Bezirkstarifvertrag für Hoch-, Beton- und Tiefbauarbeiten für das Vertragsgebiet Nordwestdeutschland-Kassel vom 3. März 1933 (Lohngruppe VIII, Nordwestdeutschland), der für die genannten Gefolgschaftsmitglieder durch die folgenden Bestimmungen ergänzt wird: (...)

Heideschäfer: „bis zu fünf Abstürze pro Tag"

Beim Flugbetrieb gab es viele Flugunfälle. Bis zu fünf Maschinen am Tag sollen abgestürzt sein, erzählte ein Heideschäfer.[61]

Durch Erlass „des Führers und Oberbefehlshabers der Wehrmacht" vom 26. Februar 1935 wurde die „Reichsluftwaffe" mit Wirkung zum 1. März 1935 ein selbstständiger Truppenverband neben dem Reichsheer und der Reichsmarine.[62] Als Folge davon erfolgte mit Wirkung vom 1. März 1935 die teilweise Aufhebung der Tarnbezeichnungen. Es wurde die Uniform der Luftwaffe mit soldatischen Rangabzeichen und Dienstgraden eingeführt.

Die Tarnbezeichnung „Hanseatische Fliegerschule" hatte ausgedient, die Rede war zukünftig vom „Fliegerhorst Faßberg". August von der Fecht, später Oberstleutnant und Kommandeur des Verteidigungskreiskommandos 251, Celle, damals junger und im Februar 1935 von Königsberg in Ostpreußen zuversetzter Soldat, erinnerte sich: „Über Nacht wurden wir ... wieder richtige Soldaten."

Claudia Prinz, studentische Mitarbeiterin am Deutschen Historischen Museum (DHM) für das Projekt Lebendiges Virtuelles Museum Online (LEMO), bringt die Hintergründe mit wenigen Sätzen auf den Punkt. Sie schreibt: „Durch die Kriegspläne Adolf Hitlers wurde die Wiederaufrüstung Deutschlands zu einem der zentralen Inhalte nationalsozialistischer Politik. Die Wiederbewaffnung hatte bereits während der Weimarer Republik heimlich begonnen und wurde seit der Machtübernahme der Nationalsozialistischen Deutschen Arbeiterpartei (NSDAP) am 30. Januar 1933, insbesondere seit dem Austritt aus dem Völkerbund im Oktober 1933, forciert."[63] Bei einem Appell in Halle 5 wurde sämtlichen Einheiten des Horstes am 16. März 1935 der Erlass „des Führers", betreffend Wiedereinführung der allgemeinen Wehrpflicht, bekannt gegeben.

Am 21. März 1935 besichtigte erneut General Kesselring den Fliegerhorst.

Hauptmann Fritz Theodor Pusinelli (1899-1935) von der Kampfgruppe I/154 stürzte laut Fliegerhorst-Chronik am 31. März 1935 mit einer Heinkel He 45 über dem Fichtelgebirge tödlich ab.[64]

Mit diesem Eintrag weicht die Fliegerhorst-Chronik von den Angaben auf einem Gedenkstein nordwestlich vom Dorf Hauenreuth, einem Ortsteil der Stadt Wunsiedel im Fichtelgebirge, ab. Dort verlautet eingemeißelt: „Ehrendes Gedenken dem Fliegerhauptmann Pusinelli / + 29.III.1935"

Hauptmann Fritz Pusinelli. Foto und Repro: Stefan Pusinelli

Nach den Hinweisen im Stadtarchiv Wunsiedel befand sich das Flugzeug auf einem Kurierflug von Berlin nach München. Der Pilot war, bedingt durch die Geheimmission, „Hauptmann der Luftwaffe Pusinelli im Reichsluftfahrtministerium in Berlin". Nach Augenzeugenberichten flog die Maschine in einer Höhe von 100 bis 150 Metern und wurde dann plötzlich senkrecht nach oben gerissen und sofort wieder nach unten gedrückt, sie brannte. Die SA riegelte die Absturzstelle sofort ab und barg den völlig verbrannten Leichnam. Über die tatsächliche Ursache des Absturzes wurde nichts Näheres bekannt. In der Bevölkerung wurde seinerzeit das Gerücht verbreitet, der Absturz sei durch ausgesandte „Strahlen" aus der Tschechoslowakei verursacht worden. Dies ist natürlich bei dem damaligen Stand der Technik stark zu bezweifeln, muss aber vor dem Hintergrund der damaligen politischen Verhältnisse gesehen werden.

Kurz nach Bekanntwerden des Absturzes in der Bevölkerung nahm sich die Fliegerortsgruppe Selb der Angelegenheit an. Sie beschaffte einen Granitfindling bei der damaligen Firma Grasyma AG, ließ die Inschrift einmeißeln und stellte den Stein bei der Absturzstelle auf. An diesem Akt nahmen Ende des Jahres 1935 auch die Angehörigen des Verunglückten teil. Der Gedenkstein wird heute von den Mitgliedern des Heimat- und Wandervereins Göpfersgrün gepflegt.[65]

Horstkommandant Philipp Zoch

Oberst Keller wurde am 1. April 1935 als Höherer Fliegerkommandeur zum Luftkreiskommando IV versetzt. Sein Nachfolger als Fliegerhorstkommandant wurde Major Zoch. Die Kampffliegerschule erhielt als Verschleierungsbezeichnung den Namen „Fliegergruppe (S), Faßberg".

Ebenfalls am 1. April 1935 wurde die Kampfgruppe I/154 unter seinem neuen Kommandeur, Major Dipl. Ing. Johannes Fink (1895-1981), der der Nachfolger von Oberst Keller war, vom Luftkreiskommando IV durch den General Halm persönlich übernommen und erhielt am 3. April 1935 durch „den Führer" den Namen „Kampfgeschwader Boelcke" (I./KG 154 „Boelcke").

Die für den Militärflughafenbau richtungsweisenden Entwicklungen auf dem Fliegerhorst Faßberg riefen immer wieder das Interesse der oberen Militärbehörden hervor. Stets war die Generalität nicht nur im Rahmen der Dienstaufsicht auf dem Horst zu Gast. Immerhin hatte die deutsche Luftwaffe im Rüstungsfieber des NS-Regimes (1936) einen der größten Fliegerhorste Europas vollendet. Am 29. Mai 1935 besichtigten laut Fliegerhorst-Chronik General Kesselring, am 19. Juni 1935 Generaloberst Freiherr von Reichenau und am 3. Juli 1935 Generaloberst von Blomberg den Fliegerhorst.

Offensichtlich wurden in der 1939 zusammengestellten Fliegerhorst-Chronik mitunter spätere Dienstgradbezeichnungen der Generalität zugrunde gelegt. Walter von Reichenau (1884-1942), der bekanntlich maßgeblich am Aufbau der Wehrmacht und ihren Einbau in den nationalsozialistischen Staat beteiligt gewesen war, war damals noch Generalmajor und Chef des Ministeramtes. Seine Beförderung zum Generalleutnant erfolgte zum 1. Oktober 1935.

Flugzeugparade für Generaloberst von Blomberg

Anlässlich der Besichtigung des Fliegerhorstes Faßberg durch den Reichskriegsminister und Oberbefehlshaber der Wehrmacht, Generaloberst von Blomberg, wurde eine Flugzeugparade mit der Arado Ar 66 veranstaltet. Davon zeugt eine Fotostrecke, die in der Faßberg-Chronik von Hans Stärk auf Seite 54 abgebildet ist.

Für die kommunalen Belange war der Landrat in Celle zuständig. Betreffende Akten im Kreisarchiv Celle tragen den Vermerk: „Geheim. Militärische Angelegenheit." So stellt es sich auch mit einer Handschrift vom 9. Juni 1935 dar, in der der Landrat dem Regierungspräsidenten in Lüneburg zu den kommunalen Verhältnissen des „Flugplatzes Schmarbeck" vortrug. Im Text selbst setzte der Behördenchef die Bezeichnung Fliegerhorst Faßberg in Klammern. Er legte zugleich ein Messtischblatt (Karte im Maßstab 1:25000) vor, in das unter Kenntlichmachung der Kreis- und Gemeindegrenzen der Fliegerhorst und der Schießplatz Unterlüß eingetragen waren.[66]

„Die Flächen des ersteren", so der Bericht, „sind s. Zt. von der Deutschen Luftfahrt- und Handels A.G in Berlin (Delhag) erworben, dürften jetzt aber – nach Eingliederung der Luftwaffe in die Wehrmacht – dem Reichsmilitärfiskus gehören. Der Schießplatz Unterlüß gehört der Firma Rheinische Metallwarenfabriken A.G. in Düsseldorf (Rheinmetall), deren Aktien sich m. W. zu über 50 % gleichfalls in der Hand des Reiches befinden."

Aufschlussreich in Bezug auf die laufenden Planungen ist dieser Hinweis an späterer Stelle im Bericht: „Außerhalb der Umzäunung auf den mit a. und b. bezeichneten Flächen sollen noch eine größere Anzahl Wohnungen und sonstige Gebäude gebaut werden bezw. sind diese schon im Bau. Es handelt sich hier im Ganzen um 130 Wohngebäude, außer denen eine evangelische Kirche, eine katholische Kapelle, eine Schule, Geschäftshäuser, Gasthäuser u. Garagen vorgesehen sind. Insgesamt sind Unterkünfte und Wohnungen für etwa 2500 Menschen vorgesehen bezw. schon gebaut."

Und es waren, wie weiter zu lesen ist, damals drei Landkreise betroffen gewesen: „Wie die Einzeichnungen ergeben(,) erstreckt sich das hier in Frage stehende Gebiet ... über 3 Kreise. Der Hauptteil, einschließlich der Hallen, Verwaltungsgebäude und Unterkünfte, liegt im Landkreise Celle und zwar zum größeren Teil in der Gemeinde Schmarbeck, zum kleineren in der Gemeinde Poitzen. (…) Der nordwestliche Teil des Platzes gehört zum Kreise Soltau, der nordöstliche Teil des Abwurfplatzes zum Kreise Uelzen. Dieser Teil ist ebenfalls von der Delhag gekauft."

Zu den kommunalen Verhältnissen heißt es: „Die Gemeinde ist zwar rund 5000 ha groß, von denen jetzt rund 500 ha in den Flugplatz fallen, besteht aber ursprünglich nur aus 7 großen Bauerhöfen, von denen 4 den eigentlichen Kern Schmarbecks bilden. Wenn ihre Einwohnerschaft nach der letzten Volkszählung 556 Seelen zählt, so ist dies nur auf die Kieselgurgruben bei Ober-Ohe und Neu-Ohe und auf den Schießplatz zurückzuführen. Dieser Teil der Bevölkerung, namentlich die Arbeiterschaft der Kieselgurindustrie, ist jedem ein fluktuierender."

Bildung eines Gutsbezirks empfohlen

Der damalige Bürgermeister Schmarbecks, Wilhelm Tewes, habe ihm erklärt, auf Dauer die Verwaltung der Gemeinde nicht mehr führen zu können. Aus diesem Grunde empfahl der Landrat das Bilden eines Gutsbezirks: „M. E. müßte aus dem Gelände des Flugplatzes Schmarbeck – abgesehen von der noch anzukaufenden Fläche c – ein Gutsbezirk gebildet werden oder, wenn die Kreisgrenzen nicht geändert werden sollen, mehrere Gutsbezirke."

Wenig später gab es einen gewaltigen Rüffel für den Landrat in Celle. Das Architektenbüro Wilhelm Kröger in Hannover sandte nämlich am 14. Juni 1935 eine Anzeige in doppelter Ausfertigung und ein Messtischblatt in Sachen Wohnbau GmbH, Berlin-Dahlem/Neubauten Siedlung Faßberg nach Celle mit der Bitte um Weiterleitung nach Lüneburg nach erfolgter Stellungnahme. 10 Tage Wartezeit waren dem Regierungsvizepräsidenten, Ludwig von Kusserow (1878-1969), zu lang. Die Stellungnahme des Landrats vom 20. Juni ging am 25. Juni in Lüneburg ein. Zur Antwort kam, nach einer kurzen Würdigung des späten Posteingangs, unterm 2. Juli 1935: „Anzeigen dieser Art sind stets mit größter Beschleunigung zu behandeln, schon wegen Wahrung der vorgeschriebenen 14 tägigen Einspruchsfrist."

„Ich darf um möglichste Beschleunigung bitten."

Entsprechend schrieb auch der Landrat dem Architekten Wilhelm Kröger in Hannover am 25. Juli 1935: „Ich darf um möglichste Beschleunigung bitten." Betreffend die Arbeitersiedlung (100 Siedlerstellen in 50 Doppelhäusern) verlautete in einer Aktennotiz des Landrats vom 31. Januar 1936: „Bedenken ... bestehen nicht. Es handelt sich hier um ein fördernswertes Unternehmen."

Eine beigefügte Tabelle nennt:

1. 31 Häuser (2 ½-, 3-, 3 ½-, 4 ½- und 6 ½-Zimmertyp), 61 Wohnungen, Baugenehmigung vom 26. Juni 1934, Rohbauabnahme vom 1. August 1934, Gebrauchsabnahme vom 12. November 1934

2. 8 Häuser (5 ½- und 6 ½-Zimmertyp), 8 Wohnungen, Baugenehmigung vom 23. November 1934, Rohbauabnahme vom 30. Januar 1935, Gebrauchsabnahme vom 11. April 1935

3. 64 Häuser (2 ½-, 3-, 3 ½-, 4 ½- und 5 ½-Zimmertyp), 120 Wohnungen, Baugenehmigung vom 29. Juli 1935, Rohbauabnahme vom 14. September, 10. Oktober und 30. Oktober 1935, Gebrauchsabnahme vom 19. Dezember 1935 und 17. Januar 1936

4. 1 Ladengebäude, 5 Wohnungen, Baugenehmigung vom 2. Oktober 1935, Rohbauabnahme vom 19. Dezember 1935, „noch nicht fertig"

Summe: 104 Gebäude mit 194 Wohnungen

Eine Akte mit der Laufzeit 1935/36 befasst sich mit der Arbeitersiedlung in Faßberg. Sie wird im Niedersächsischen Landesarchiv in Hannover gelagert und beinhaltet unter anderem Lagepläne, einen Aufsiedlungsplan, Bauentwurfspläne und das Messtischblatt Nr. 237 von Soltau.[67]

Im Maßstab 1:2500 wurde beispielsweise ein „Plan der Arbeiter- und Beamten-siedlung am Adolf Hitlerdamm" erstellt. Die Farben sind verblasst, ein Unter-schied zwischen bestehender und geplanter Bebauung lässt sich kaum noch er-kennen. Die Einträge wurden handschriftlich gemacht, an der Südseite der später umbenannten Hauptstraße befanden sich von Westen nach Osten: Grenze Wohnbau, Tischler Eilers (später Volksbank, das war eine Baracke), Gasthaus (mit südlich angrenzendem Gebäudekomplex mit Läden, Gemeindesaal, HJ/NSDAP), Kino, Bäcker Speckhan (später Rohrer), Schuhhaus Gralher und Hugo Weisner (wo sich heute das Soldatenheim befindet).[68]

Die Akte betraf die geplante Arbeitersiedlung der Luftwaffe in Faßberg, die für hundert Arbeiterfamilien gedacht war, welche auf dem Flugplatz beschäftigt wa-ren. Errichtet wurden laut Anzeige an den Regierungspräsidenten in Lüneburg vom 24. Januar 1936 insgesamt 50 Doppelhäuser mit hundert Wohnungen. Jede Wohnung enthielt ein Elternschlafzimmer, ein Wohnzimmer, eine Küche, eine Deele (Wirtschaftsküche), Schuppen, Stall für ein Schwein und eine Ziege, Kel-ler, darüber Hühnerstall, Abort, Trocken- und Futterboden. Als Architekt für den Norddeutschen Bauträger G.m.b.H. in Berlin W 8 wurde Hans Kamper, Mit-glied der Reichskammer der Bildenden Künste, Georgstraße 25 in Hannover, tätig.

Dieses alte Foto zeigt Angehörige einer Kraftfahrer-Gruppe 1935 auf dem Weg zum Faßberg. Es soll sich um einen Ausflug gehandelt haben, auch wenn es nicht gerade danach aussieht. Das Anrücken der legendären ersten Baukolonne lag damals gerade einmal zwei Jahre zurück. Dieses Foto zeigt links Emil Otterbein, der 1935 als Angehöriger einer Kraftfahrerabteilung nach Faßberg gekommen war, und ganz rechts Edmund Luthmer, der 1948 Brandmeister der damals neu gegründeten Freiwilligen Feuerwehr Faßberg wurde. Archiv Eike Bruns

Errichtet wurden ferner, laut Anzeige an den Regierungspräsidenten in Lüne-burg vom 5. Juni 1935, 66 Häuser mit insgesamt 120 Wohnungen (26 x 2 ½ Zimmer, 44 x 3 Zimmer, 12 x 3 ½ Zimmer, 26 x 4 ½ Zimmer, 12 x 5 ½ Zim-mer) von der Wohnbau G.m.b.H. in Berlin-Dahlem, Bitterstr. 21. In der Anzeige heißt es: „Im Interesse der Landesverteidigung muss [sic!] mit den Arbeiten so-fort begonnen werden."

Architekt Hans Kamper zeigte im Namen des Bauherrn Firma Niederdeutsche Wohnungsbau G.m.b.H., Georgstraße 20 in Hannover, am 8. und 20. September 1937 beim Regierungspräsidenten in Lüneburg die im Auftrag des Luftkreis-kommandos VII Braunschweig zu errichtenden 50 beziehungsweise weiteren 40

Arbeitersiedlungen in Faßberg („Faßberg II") an. Am 19. September 1938 zeigte die Wohnbau G.m.b.H. in Berlin-Dahlem noch einmal den Bau von 24 Drei-Zimmer-, 40 2 ½- Zimmer- und 10 3 ½-Zimmer-Wohnungen an.[69]

Am 12. Juli 1935 wurde auf dem Fliegerhorst Faßberg das Offizierheim eingeweiht.

Während der Dauer der Herbstmanöver des VI. Armeekorps (29. August bis 4. Oktober 1935) weilten an verschiedenen Tagen mehrere Generale in Faßberg, und zwar am 29. und 30. August 1935 die Generale Milch, Wever, Halm, Wilberg, von Reichenau und Becker und in der Zeit vom 5. bis 7. September 1935 wiederum die Generale Milch, Halm und von Reichenau.

Anlage eines Friedhofes

Im Niedersächsischen Landesarchiv in Hannover wird die 1936 vom Regierungspräsidenten zu Lüneburg geführte Akte, betreffend den Friedhof der Fliegerhorstkommandantur Faßberg, gelagert. Sie ist, wie manch andere hannoversche Archivakte auch, bislang noch von kaum einem Archivbenutzer ausgewertet worden.[70]

Der Akte liegt die bereits erwähnte Karte Nr. 1533 „Eimke" der Preußischen Landesaufnahme von 1899, die vom Reichsamt für Landesaufnahme 1926 mit Nachträgen versehen worden ist, bei. Worum es ging: Die Fliegerhorstkommandantur Faßberg beabsichtigte im Jahre 1935, in der Gemarkung Poitzen einen eigenen Friedhof anzulegen und hatte dafür eine Fläche von vier Morgen auf dem Grund und Boden von Johann Heinrich Tewes, Hankenbostel Nr. 9, auserkoren. Der in Aussicht genommene Platz befand sich damaliger Darstellung auf einer leicht erhöhten Heidefläche am Nordrand eines Kiefernholzes über hundert Meter von den letzten bewohnten Häusern und von Brunnen entfernt. Der Platz wurde im amtsärztlichen Gutachten vom 21. November 1935 als nach Westen „zu leicht abfallend" und nach Norden und Osten zu durch Kiefernwald geschützt bezeichnet. Bis in die unmittelbare Nähe des Platzes reichten bereits befestigte Wege.

Auf dem Friedhof sollten die verstorbenen Soldaten der Luftwaffe und die Verstorbenen der neu erstandenen Wohnsiedlung Faßberg bestattet werden.

Auf das Genehmigungsersuchen des Landrats in Celle, Wilhelm Heinichen, vom 7. September 1936 erteilte der Regierungspräsident in Lüneburg am 21. September 1936 die landespolizeiliche Genehmigung.

Der inzwischen zum Oberstleutnant beförderte Major Zoch wurde am 31. Dezember 1935 nach Tutow versetzt. Fliegerhorstkommandant und Kommandeur der Fliegergruppe (S) Faßberg wurde Oberstleutnant Richard Putzier (1890-1979), der von der Fliegergruppe (S) Prenzlau nach Faßberg versetzt wurde.

Gute Beziehungen zu Ribbentrop

Was die Fliegerhorst-Chronik verschwieg, brachte Putzier später (1969) in seinen Erinnerungen an Faßberg zu Papier. Demnach sei der Flugplatz häufig von ausländischen Gästen besucht worden, unter anderem von Luftattachés, die vom

Luftfahrtministerium geschickt worden seien. Prominentester Gast sei der damalige Staatssekretär im Luftfahrtministerium, Lord Londonderry, Charles Vane-Tempest-Stewart, 7. Marquess of Londonderry (1878-1949), gewesen, der mit seiner Frau Edith Helen Lady Londonderry und der 1934 geborenen Tochter Annabel erschienen sei und sich angesichts der Ausmaße des Platzes „sichtlich beeindruckt" gezeigt habe. Und in der Tat erinnerte sich Lord Londonderry in seinen „Rechtfertigungen" 1938 an jenen 3. Februar 1936 in Faßberg:[71]

Monday, 3rd February. We flew in General Goring's aeroplane, a Junker with three engines to Fassberg. We were flown by Hucke, a pilot since 1911 and Goring's own pilot. The aerodrome has been formed by a clearing in the middle of a forest of pine-trees; the soil is quite black and appeared in some places to be soft.

Auf Deutsch: „Montag, 3. Februar. Wir flogen in General Görings Flugzeug, einer Junker(s) mit drei Motoren, nach Faßberg. Wir wurden von Hucke, Pilot seit 1911 und Görings eigener Pilot, geflogen. Der Flugplatz wurde inmitten einer Lichtung in der Mitte eines Pinienwaldes geschaffen, der Boden ist ganz schwarz und schien an einigen Stellen weich zu sein."

Lord Londonderry hatte sich wegen eines Besuchs des NSDAP-Politikers Joachim von Ribbentrop (1893-1946), damals deutscher Botschafter in London und später deutscher Außenminister, am 3. April 1936 auf seinem Familiensitz Schloss Mount Stewart die Vorhaltung als „ein Engländer auf Hitlers Seite" gefallen lassen müssen. Lord Londonderry selbst absolvierte zwischen Januar 1936 und September 1938 sechs Besuche in Deutschland, den ersten immerhin für eine Dauer von drei Wochen.

Fliegeroberstabsingenieur Friedrich Hucke (1888-1948), in den „Rechtfertigungen" am Rande erwähnt, galt als einer der bewährtesten Flugkapitäne der Lufthansa. Er war Göring im Juni 1933 als eigener Pilot der „Roten Junkers" zugewiesen worden.[72]

Richard Putzier schloss seine Erinnerungen ab mit dem Hinweis, dass zu seiner Zeit in Faßberg – 1. Januar 1936 bis 1. Februar 1937 – außer einer Junkers Ju 52, die von Prenzlau gekommen und am Platzrand verunglückt sei, keine nennenswerten Unfälle vorgekommen seien.[73]

In der Zeit vom 1. Januar 1936 bis 31. März 1936 wurde das Geschwader Boelcke, das bisher nur aus drei Staffeln bestanden hatte, auf drei Gruppen aufgefüllt und am 1. April 1936 unter seinem Kommodore, dem späteren General der Flieger Oberstleutnant Dr. Robert Knauss (1892-1955), Nachfolger des inzwischen ins Reichsluftfahrtministerium berufenen Major Fink, nach Faßberg verlegt. Es kamen I/154 nach Langenhagen, II/154 nach Wunstorf und III/154 nach Delmenhorst.

An demselben Tage wurde die Fliegergruppe (S) Prenzlau nach Faßberg verlegt und der Fliegergruppe (S) Faßberg eingegliedert.

Auf Anweisung des Reichsarbeitsministeriums beraumte der Regierungspräsident in Lüneburg eine Besprechung zum Thema Arbeitersiedlung Faßberg auf den 7. Februar 1936 auf der Kommandantur Faßberg an. Laut seinem Schreiben an die Kommandantur nahmen teil: Regierungsbaurat Ludwig Wambsganz (1897-1982) vom Reichsarbeitsministerium, Regierungsbaumeister Dr. Schlüter vom Reichsluftministerium, Referent Laub vom Reichsheimstättenamt, Regierungs- und -baurat Müller vom Oberpräsidium in Hannover, Regierungsrat Dr. Bachmann und Regierungsbaurat Roever von der Regierung in Lüneburg, Landrat Heinichen aus Celle und die von ihm zugezogenen örtlichen Stellen (Staatshochbauamt). Eingeladen waren ferner der Geschäftsführer Austmeyer vom Gauheimstättenamt Hannover-Ost und der Architekt Kröger von der Baugesellschaft Norddeutsche Bauträger G.m.b.H.[74]

In dieser Besprechung vom 7. Februar 1936 wurde festgelegt, dass das ganze Gebiet des Flugplatzes zum Wohnsiedlungsgebiet aufgrund des Gesetzes über die Aufschließung von Wohnsiedlungsgebieten (WSG) vom 22. September 1933 (Reichsgesetzblatt I, S. 659) erklärt werden sollte. Der erforderliche Antrag sollte vom Landrat in Celle nach Benehmen mit dem Kreisbauernführer vorgelegt werden. Aufgrund einer neueren Verordnung des Reichsarbeitsministers vom 15. Februar 1936 (Reichsgesetzblatt I, S. 104) und durch eine zu erlassende Baupolizeiverordnung war nun aber Landrat Heinichen zufolge „die Regelung der Bebauung in der Umgebung des Flugplatzes auf die einfachste Art ausreichend gesichert, so daß m.E. die Erklärung des Gebietes zum Wohnsiedlungsgebiet nicht mehr in Frage kommt". Heinichens Vorschlag: „Es wird jetzt notwendig sein, daß das Luftfahrtministerium das auszuweisende Baugebiet und die Aufteilung und Erschließung durch den unter Ziffer 1 der Niederschrift vom 11.11. erwähnten Generalbebauungsplan bestimmt. Im Anschluß daran wäre die Baupolizeiverordnung zu erlassen."[75]

„Schleunigste Klarstellung" gewünscht

Unterm 2. Mai 1936 wandte sich der Reichsminister der Luftfahrt und Oberbefehlshaber der Luftwaffe in Berlin (im Auftrage dessen Referent, Ministerialrat Dr. Plagemann) an den Herrn Reichs- und Preußischen Minister des Innern in Berlin: „Seitens des Herrn Regierungspräsidenten Lüneburg wird auf schleunigste Klarstellung des Generalbebauungsplanes, der auch das Gebiet des Flugplatzes Faßberg umfaßt, größter Wert gelegt." Gebeten wurde um das Anberaumen einer Besprechung auf dem Flugplatz Faßberg.

Am 29. Mai 1936 besichtigte Staatssekretär Milch den Fliegerhorst.

Im selben Jahr wurden erneut Erweiterungen vorgenommen, darunter auch für einen Bombenübungsplatz. Hauptaufgabe der Schule war nun die Ausbildung von Beobachtern, Funkern und Bordschützen, Hauptausbildungsmaschinen waren jetzt Dornier Do 11, Do 13, Junkers Ju 52 und der Tiefdecker Junkers W 34.

Am 31. August 1936 knüpfte der Landrat in Celle noch einmal an seinen Bericht vom 9. Juni 1935 an, in dem er die Sinnhaftigkeit der Bildung eines Gutsbezirks unterstrichen hatte.[76] In seinem 21-seitigen Bericht an den Regierungspräsidenten in Lüneburg schrieb er: „Die Bildung eines Gutsbezirks ‚Fliegerhorst Faßberg' aber erscheint mir schnell und unschwer möglich. Eine solche Bildung würde auch, wie ich nachstehend ausführen darf, den Verhältnissen am besten gerecht."

Zur aktuellen Einwohnersituation schrieb der Landrat: „Die Bewohnerschaft des vorbeschriebenen Geländes besteht z. Zt. aus etwa 2300 Menschen. Davon entfallen etwa 1600 auf die Truppe, die in militärischen Unterkünften innerhalb des eingegatterten Platzes untergebracht ist, und etwa 700 auf die Siedelungen auf den Flächen a. b und Kreuz, die wie erwähnt, aus 200 von einer Wohnbau-A.G. errichteten Wohnungen für verheiratete Heeresangehörige, Offiziere, Unteroffiziere, Beamte und Angestellte neben einigen Gewerbetreibenden und sonstigen Personen (Gendarmeriebeamter, demnächst auch Lehrer) und 100 Arbeiterwohnungen bestehen."

Eine Eingliederung der Arbeitersiedlung in Faßberg in die benachbarte Gemeinde Poitzen hielt der Landrat für nicht empfehlenswert, „weil sie die soziale Struktur dieser kleinen, rein bäuerlichen Gemeinde völlig über den Haufen werfen ... würde."

Die Fläche des Fliegerhorstes gab der Landrat mit 1725 Hektar an.

Nicht mehr als eine schlichte Zufahrt zum Fliegerhorst – die „Göring-Wache" im Jahre 1936.

Zwei Friseure, aber kein Elektriker im Ort

Aktuell zählte Faßberg laut Bericht des Kaufmanns August Bruns (1915-1996) vom März 1970 etwa 16 Handels- und Handwerksbetriebe, darunter zwei Lebensmittelgeschäfte, zwei Bäckereien, einen Schlachter und zwei Friseure. Im ganzen Ort gab es keinen Tischler, keinen Maler und Anstreicher, keinen Elektriker, keinen Schneider.[77] Es gab laut der Faßberger Chronik (1971) „einige wenige Läden" und als einziger gastlichen Stätte außerhalb des militärischen Bereichs „eine Bäckerei mit Kaffeeraum ‚an der Betonstraße'" (Adolf-Hitler-Damm beziehungsweise heute Große Horststraße).[78]

Eine Originalakte, betreffend Geländeverkauf an Norddeutsche Bauträger G.m.b.H. (Weiße Siedlung), die in der Verwaltung der Fliegerhorstkommandantur Faßberg die Signatur Akte 63f/b11 trug, ist im Gemeindearchiv Faßberg aufbewahrt. Sie setzt ein mit Schriftverkehr vom 11. Dezember 1936 und schließt mit einem Schreiben vom 5. November 1937. Der Reichsminister der Luftfahrt und Oberbefehlshaber der Luftwaffe in Berlin bestätigte mit Schreiben vom 11. Dezember 1936 eine tags zuvor geführte Unterredung mit dem Verwaltungsangestellten Friedrich Dette, wonach sich die Fliegerhorstkommandantur dafür einsetzte, dass die „Delhag" spätestens zu Beginn kommender Woche als Eigentümerin der Flächen in das Grundbuch eingetragen wurde, auf denen die Arbeitersiedlung gebaut war und die dem Norddeutschen Bauträger G.m.b.H. in Berlin übereignet werden sollten. Es handelte sich um verschiedene Parzellen im Bereich der Gemarkung Poitzen, die im Eigentum der „Delhag" und des Landwirts Rudolf Hemme, Poitzen Nr. 1, standen.[79]

Nach Aufstellung des Luftkreiskommandos VII, Braunschweig, Befehlshaber war Generalleutnant Hellmuth Felmy (1885-1965) in Braunschweig, wurde der Fliegerhorst Faßberg am 6. Oktober 1936 diesem Luftkreiskommando unterstellt.

Karl Soffner (1900-1959), der von Hänigsen nach Faßberg gezogen war und im Haus Fuchsbau 7 wohnte, nahm dort am 2. November 1936 mit 89 Kindern den provisorischen Schulunterricht auf.

Große Horststraße, vor 1939. Rechts sieht man die Bäckerei Speckhan und das Schuhhaus Gralher. Archiv Eike Bruns

Offensichtlich hatte der Regierungspräsident in Lüneburg die am 31. August 1936 zu Papier gebrachten Ideen des Landrats in Celle unterstützt; denn der Reichs- und Preußische Minister des Innern in Berlin erklärte sich am 29. Dezember 1936 „unter den von Ihnen geschilderten Verhältnissen … mit der Bildung eines Gutsbezirks Fliegerhorst Faßberg in dem von Ihnen vorgeschlagenen Umfange einverstanden". Der Erlass wurde von Ministerialdirektor Karl-Friedrich Surén (1888-1969), Leiter der Abteilung IV (Kommunalabteilung), unterzeichnet.[80]

Das Luftkreiskommando VII in Braunschweig, Hohestieg 2, teilte dem Landrat in Celle unterm 16. Januar 1937 mit: „Seitens der Reichsluftfahrtverwaltung bestehen keine Bedenken, daß der Anschluß der neu zu bildenden selbständigen politischen Gemeinde Faßberg an den Kreis Celle betrieben wird."[81]

Auf den geheimen Charakter hingewiesen

Dieses Schreiben kam unvermittelt und schloss gedanklich nicht an die fortgeschrittenen Planungen an. Auch war es nicht mit „Geheim" eingestuft. Dies alles bewog den Landrat, zu intervenieren. Am 2. Februar 1937 schickte er Abschriften der zurückliegenden Niederschriften und Berichte nach Braunschweig. Er schloss mit den Worten: „Auf den geheimen Charakter meiner Berichte vom 9.6.1935 und 31.8.1936 darf ich besonders hinweisen."[82]

Weiße Siedlung 1937. Rechts hinter dem ersten Haus geht es in den Wacholderweg.
Archiv Eike Bruns

Offensichtlich war zu dem Zeitpunkt noch niemand über die höheren Ortes gefallene Entscheidung im Bilde gewesen. Der Landrat in Celle informierte die Bürgermeister von Poitzen und Schmarbeck unterm 11. Februar 1937 über die Entscheidung aus Berlin und bat um ausführliche Stellungnahme. Bereits am 2. März des Jahres erinnerte der Landrat beide Bürgermeister an die Erledigung der Verfügung und erneut am 10. März, diesmal allerdings bei gleichzeitiger Fristsetzung von drei Tagen.[83]

Wobei man in Poitzen bereits zweimal, am 15. Februar und 1. März 1937, über den Gegenstand beraten hatte. Die beteiligten Gemeinderäte hießen Wilhelm Winterhoff (Bürgermeister), Hermann Hemme, Rudolf Hemme, August Ebel, Johann Boderius, Heinrich Tewes und Fritz Brandt. Am 4. März hatte Winterhoff bereits das Einverständnis seiner Gemeinde nach Celle gemeldet.[84]

Auch der unter der Schirmherrschaft des Ernährungsministers und „Reichsbauernführers" Walther Darré (1895-1953) stehende Reichsnährstand (16 Millionen Mitglieder), Kreisbauernschaft in Celle, Trift 32, Gutsbesitzer Erich Wackenroder (NSDAP-Kreisleitung Celle), hatte bereits sein Einverständnis erteilt (20. Februar): „Allein schon in Bezug auf den Schulbesuch der in Faßberg wohnenden Kinder erscheint mir die Bildung des Gutsbezirkes notwendig, da diesen Kindern schlechthin zuzumuten ist, den weiten Weg nach Poitzen wie nach Schmarbeck täglich zu gehen."[85]

Am 26. Februar 1937 stimmte auch der Landrat des Kreises Soltau der Abtretung der 367,18 Hektar zur Bildung des Gutsbezirks Faßberg zu. Allerdings sei es „recht und billig", dass der Kreis Celle den Kreis Soltau wegen des durch die Gebietsänderung (Gemarkung Trauen) eintretenden steuerlichen Ausfalls mit dem 25-fachen Betrag = 3024 Reichsmark entschädige. Wobei Trauens Bürgermeister Heinrich Herrs der Abtretung der 367 Hektar zur Bildung des Gutsbezirks Faßberg am 22. Februar 1937 zugestimmt hatte unter der Bedingung, dass der Gemeinde für die ausfallende Grundvermögensteuer eine einmalige Abfindung von 3780 Reichsmark gezahlt werde. Am 31. März kam auch die Zustimmung aus Schmarbeck.[86]

Ausgefüllt wurde das Formblatt „Nachweisung über Änderung von Gemeindegrenzen". Die Richtigkeit der Angaben bescheinigte der Landrat in Celle unterm 21. Mai 1937. Eingetragen wurde unter anderem, dass Schmarbeck 556, Poitzen 218 und Trauen 200 Einwohner hatten. In Schmarbeck und Poitzen wurden die Biersteuer erhoben, in Trauen aber die Biersteuer, die Hundesteuer und die Vergnügungssteuer. In der Spalte „Stellungnahme der Beteiligten" heißt es: „Die Bürgermeister der 3 Gemeinden und die beteiligten Landräte sind mit der Bildung des Gutsbezirks einverstanden."[87]

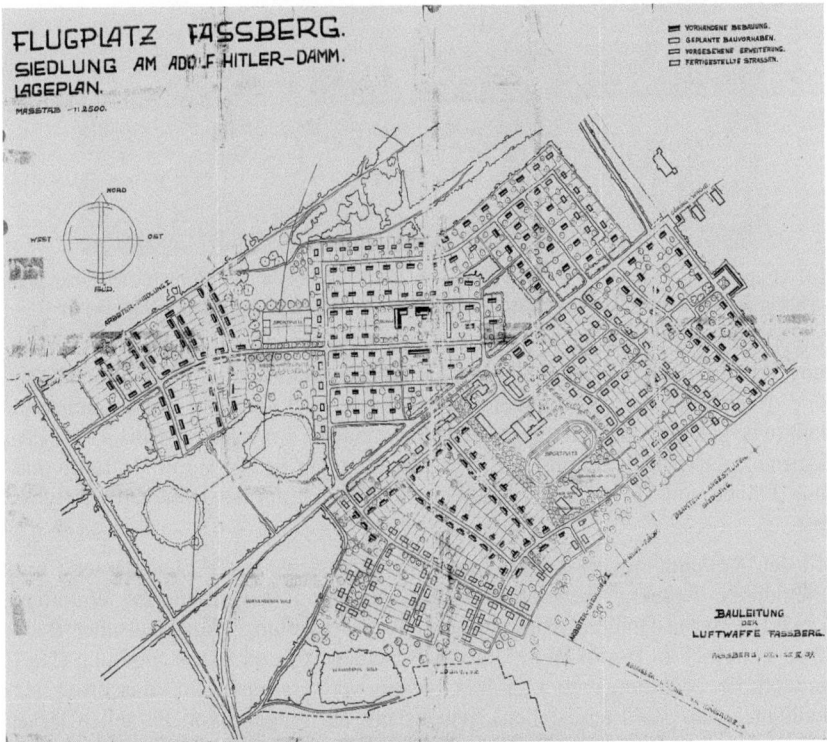

Lageplan der Siedlung, aufgestellt von der Bauleitung der Luftwaffe Faßberg, 25. März 1937.
Archiv der TSLw 3

1937: Gutsbezirk Fliegerhorst Faßberg

Südlich des Fliegerhorstes war neben Häusern für die Beschäftigten ein richtiger kleiner Ort entstanden, der am 24. August 1937 zum „Gutsbezirk Fliegerhorst Faßberg" umgewandelt wurde. Die Einrichtung einer Gutsbezirksverwaltung verzögerte sich allerdings wegen ausbleibender Entscheidungen auf höherer Ebene noch bis zum kommenden Jahr.

„Die Landgemeinde" machte noch im gleichen Jahr bekannt:[88]

Neuer Gutsbezirk Durch Entscheidung des Oberpräsidenten der Provinz Hannover sind Teile der Gemeinden Schmarbeck, Poitzen und Trauen zum „Gutsbezirk Fliegerhorst Faßberg" zusammengeschlossen und in den Landkreis Soltau [sic! Celle] eingegliedert worden.

Eine Gruppe von Offizieren und Zivilbeamten des Fliegerhorstes informiert sich über den Fortgang der Bauarbeiten an der Saarlandstraße der Grauen Siedlung. Archiv Eike Bruns

Folgerichtig wurde im Jahre 1938 von der Katasterverwaltung für die Gemarkung Poitzen das „Gebäudebuch des Luftwaffen-Gutsbezirks Fliegerhorst Faßberg" (Gebäudesteuerrolle) angelegt. Das Buch wird heute im Landesarchiv in Hannover gelagert. In ihm aufgeführt sind zunächst Eintragungen bis 1941, beginnend mit der Rollennummer 1, Boelcke-Weg, ein Posthaus mit Hofraum und einer Fläche von 16 Ar 20 Quadratmetern im Eigentum der Deutschen Reichspost.

Mit den Rollennummern 2 und 3 und 10 folgen jeweils die gleichlautend mit „Siedlungen Faßberg" bezeichneten Rote Siedlung (Eigentümerin: Wohnbau G.m.b.H., Berlin-Dahlem, Bitterstr. 21), Weiße Siedlung (Norddeutscher Bauträger G.m.b.H. in Berlin W 8, Unter den Linden 16) und Graue Siedlung (Niederdeutsche Wohnungsbau G.m.b.H., Hannover, Georgstr. 20, durchweg als Neubauten von 1940 angegeben), jeweils mit der Angabe von Parzellenfläche und Wohnraum, die in der Regel ja bekanntlich siedlungseinheitlich ausfielen. Die Bewohner sind nicht genannt, anfangs wurden bei der Roten und Weißen Siedlung mit Ausnahmen (Amselweg, Adolf-Hitler-Damm, Fuchsbau, Jägerweg, Marktweg, General-Litzmann-Weg, Hasenheide, Heideweg, Promenade, Steinweg) auch keine Straßennamen eingetragen. Nach dem Krieg wurden schließlich zukünftige Hauseigentümer mit ihren zivilen Berufsbezeichnungen aufgeführt.[89]

In der am 2. September 1910 aufgestellten Gebäudesteuerrolle für Schmarbeck finden sich neben einigen baulichen Veränderungen der zwanziger und dreißiger Jahre vor allem im hinteren Teil Neubauten von 1940 auf dem Schießplatz Unterlüß eingetragen. Beim Schafstall von Ernst Kuhlmann, Hof Nr. 1 (Vollhof), heißt es in einer Randnotiz: „Schafstall an der Straße infolge Sprengung stark beschädigt."[90]

Ursel Brandt ist die am längsten in Faßberg wohnende Einwohnerin. Sie ist die Tochter des 1934 zuversetzten Gutsvorstehers Taubert. Sie war damals zarte vier Jahre alt. Ihre Erinnerungen, da ist sie sich sicher, setzen vermutlich nicht im Zeitpunkt ihres Eintreffens ein. „Wir hatten keine Straßen", erinnert sie sich. Bohlen seien verlegt worden. „Dann kamen Fahrzeuge aus Müden, die haben oben auf dem Fliegerhorst alle Baulichkeiten erledigt." Alles sei damals noch mit Pferd und Wagen bewerkstelligt worden. „Es war alles noch mühsame Handarbeit", so Brandt. „Es war ja noch Wüste hier. Es war ja nichts hier." Der einzige Zugang zum Fliegerhorst sei von Schmarbeck aus möglich gewesen.

Wir werfen wieder einen Blick in den Band I der Geschichte des Fliegerhorstes Faßberg.

Der am 1. Oktober 1936 zum Oberst beförderte Oberstleutnant Putzier wurde am 1. März 1937 nach Langenhagen versetzt. Fliegerhorstkommandant und Kommandeur der Fliegergruppe (S) Faßberg wurde Oberstleutnant Martin Fiebig (1891-1947), der bisher Lehrgangsleiter des Lehrgangs II der Fliegergruppe (S) gewesen war. Ebenfalls am 1. März 1937 wurde die Kampfgruppe III/257 unter dem Kommandeur, Major Joachim Kortüm (1898-1982), in Faßberg aufgestellt.[91]

Ansprache von General Felmy

General Hellmuth Felmy besichtigte am 15. und 16. März 1937 den Fliegerhorst. Am Abend des 15. hielt er eine Ansprache vor dem versammelten Offizierkorps und den Oberfähnrichen der Fliegergruppe (S) im Offizierkasino und nahm im Anschluss daran an dem gemeinsamen Essen teil. Er übernachtete im Generalzimmer im Offizierkasino.[92]

Die neue Fahne der Fliegergruppe (S) wird von Berlin nach Faßberg überführt. Stärk, S. 75. Archiv der Gemeinde Faßberg. Repro vom Glasnegativ: TSLw 3

Am 20. April 1937 wurde die Fahne der Fliegergruppe (S) Faßberg nach Faßberg durch eine Ju 52 überführt, nachdem sie, wie die Fliegerhorst-Chronik berichtet, „der Führer und Oberbefehlshaber der Wehrmacht am 19.4.1937 auf dem Wilhelmsplatz in Berlin dem Kommandanten, Herrn Oberstleutnant Fiebig, mit dem zeitgenössischen Fahnenspruch ,Laßt mich immer in Ehren über Euch wehen' übergeben hatte". Die Fahne wurde in Faßberg durch die Truppenteile des gesamten Horstes, die vor Halle 9 zur Parade angetreten waren, eingeholt und im Stabsgebäude im Zimmer des Kommandeurs der Fliegergruppe (S) aufgestellt.[93]

Major Rudolf Auerswald, der im Frühjahr 1937 nach Faßberg zur III./KG 257 gekommen und später, 1969, als Oberstleutnant bei der Technischen Schule der Luftwaffe 3 erneut in Faßberg beschäftigt war, erinnerte sich an den Verlust einer Heinkel He 111 (Heinkel-Bomber) mit Besatzung im Jahre 1937. „Sie stürzte nach dem Start in einen der Schmarbecker Höfe, ohne dort noch weiteren Menschenleben Schaden zuzufügen", schrieb Auerswald († 1983) später in seinem Bericht.[94]

Während des Wehrmachtsmanövers 1937 vom 20. bis 26. September 1937 war der Fliegerhorst Faßberg laut Fliegerhorst-Chronik „als E-Hafen I. Ordnung der roten Partei eingesetzt".[95] Kommandant des E-Hafens war Hauptmann (E) Collet, Offz. z.b.V. und Kompanieführer der Fliegerhorstkompanie Oberleutnant d.L. Wooge, Nachrichtenoffizier Major (E) Jansen. Oberstleutnant Fiebig war während des Manövers Kommandant des Geschwaders 257 und nahm im Anschluss daran mit zwei Kompanien der Fliegergruppe (S) Faßberg an der großen Parade in Berlin am 29. September 1937 anlässlich der Anwesenheit des italienischen Ministerpräsidenten Benito Mussolini (1883-1945) teil.[96]

Das Offizierkasino auf dem Fliegerhorst im Jahre 1938. Archiv der Gemeinde Faßberg. Repro vom Glasnegativ: TSLw 3

Die Kampfgruppe III/257 wurde am 30. September 1937 unter der neuen Bezeichnung „I/254" nach Lippstadt verlegt.[97]

Die Fliegergruppe (S) Faßberg erhielt am 1. Oktober 1937 die Bezeichnung „Große Fliegerwaffenschule Faßberg".[98]

Am 21. Oktober 1937 wurde der Fliegerhorst in truppendienstlicher Hinsicht dem Kommando der Schulen und Fliegerersatzabteilungen im Luftkreis 7 unterstellt.[99]

Hubschrauberflug von Hanna Reitsch

Der erste Hubschrauberstart in Faßberg erfolgte am 25. Oktober 1937. An jenem Tag startete Flugkapitän Hanna Reitsch (1912-1979) ihren Rekordflug mit dem Focke-Hubschrauber Fw 61.[100]

Im Jahre 1937 begann die Luftwaffe in der Südheide mit dem Aufbau eines neuen Instituts der Deutschen Versuchsanstalt für Luftfahrt, dessen Aufgaben man mit der Bezeichnung „Flugzeug-Prüfstelle Trauen" kaschieren wollte. Mit einem Etat von acht Millionen Reichsmark sollte der Luft- und Raumfahrtpionier Eugen Sänger (1905-1964) dort ein modernes Institut zur Erforschung von Raketenflugzeugen errichten. Das Reichsluftfahrtministerium musste allerdings vorsichtig agieren, da die Raketentechnik, zumindest in Bezug auf die Fernkampfwaffen, ausschließliches Aufgabengebiet des Heereswaffenamtes war.

Auf einem weiträumigen abgelegenen Gelände wurde nun ein Forschungsareal mit großen Prüfständen und verbunkerten Unterständen, Laboren und Werkstätten gebaut. Michael Grube schreibt dazu konkret in einem mit Quellen belegten Internetbeitrag: „Der Prüfstand für das geplante 100.000kp-Triebwerk hatte eine Tiefe von 5m und eine Fläche von 20 x 75m. Die Außenwälle, die ringsum angeschüttet waren, ragten 5m über das Erdniveau hinaus."

Professor Winfried Buschulte (1929-2010) von der Deutschen Forschungsanstalt für Luft- und Raumfahrt schreibt später, 1971: „Die Arbeiten, die in den Jahren nach 1936 in Trauen durchgeführt wurden, waren abgestellt auf die Entwicklung eines Raketenfernbombers, der unter Ausnutzung des so genannten Skip-Effektes (Abprallen des Flugkörpers an der Atmosphäre) interkontinentale Entfernungen erreichen sollte."[101]

Ende Oktober 1937 wurde ein weiterer Teil der Arbeitersiedlung, bestehend aus 90 Wohnungen ostwärts der damals mit „Adolf-Hitler-Damm" bezeichneten Großen Horststraße, in Angriff genommen. Außerdem befanden sich eine Schule und eine Kirche im Bau.[102]

Bebauungsplan für Faßberg

Im Herbst 1937 wurde ein Bebauungsplan für Faßberg thematisiert. Dazu liegt noch die Originalakte der Fliegerhorstkommandantur Faßberg, Abteilung Verwaltung, vor. Der Landrat in Celle verfügte dazu am 1. Dezember 1937: „Ich gestatte mir aber, darauf hinzuweisen, daß es zunächst doch wohl Sache der militärischen Dienststellen sein dürfte, die weitere Planung so zu gestalten, wie sie den militärischen Bedürfnissen entspricht. (...)" Der Regierungspräsident in Lüneburg, im Auftrage der Verwaltungsjurist Regierungsrat Dr. Bachmann, antwortete unterm 11. Dezember 1937: „Die Aufstellung eines Flächennutzungs- und Bebauungsplanes durch die Bezirksplanungsstelle ist s.Zt. unterblieben, weil nach meinem Wunsche die Militärverwaltung selbst den Plan aufstellen sollte, um hierdurch zu erfahren, was sie noch an Bauten in Faßberg beabsichtigt. (...)"[103]

Die „Bauleitung der Luftwaffe Faßberg" hatte im gleichen Jahr, am 25. März 1937, einen Lageplan der „Siedlung am Adolf-Hitler-Damm" im Maßstab 1:2500 aufgestellt. Neben der vorhandenen Bebauung wurden die geplanten Bauvorhaben, eine vorgesehene Erweiterung und fertiggestellte Straßen unterschiedlich eingezeichnet. Am Zaun des Fliegerhorstes mit seiner „Göring-Wache" befand sich die Beamten-/Angestellten-Siedlung (Rote Siedlung), im Uhrzeigersinn folgend die Graue Siedlung, hier als Arbeiter-Siedlung II bezeichnet, und die Arbeiter-Siedlung I (Weiße Siedlung). Zwischen der Roten und der Grauen Siedlung war nach dem Lageplan im Hinterland des Gasthauses ein Gebäudekomplex für die NSDAP und die Hitlerjugend (HJ), die Jugend- und Nachwuchsorganisation der Nationalsozialistischen Deutschen Arbeiterpartei, vorgesehen.

Der Brunnenplatz im Zentrum des ersten Bauabschnitts der Roten Siedlung im Jahre 1938. Digitales Archiv TSLw 3

Dass die Menschen auf dem Fliegerhorst Faßberg in den ersten Jahren ihre Vorbehalte gegen den Standort hegten, wird deutlich aus einem einleitenden Beitrag in der zweiten Nummer einer „Werkzeitung des Fliegerhorstes Faßberg" mit Namen „Gemeinsame Arbeit" vom 21. Januar 1938. Man kann sich nicht des Eindrucks verwehren, die Menschen hätten sich bei manchen Gelegenheiten negativ über die Örtlichkeit geäußert.[104] „Betonstraßen, Hallen, mächtige Gebilde aus Stein und Eisen, Motorengedonner, Hast und Eile, Sorgen und schwerer Alltag. Aber nein, das ist ja das Faßberg, das wir uns selbst erstellten, mit all seinem Bösen und Guten. (…)"

In der gleichen Werkzeitung finden sich Spuren zu den naziideologisch geprägten Begleiterscheinungen jener zwölf Jahre im Zeichen des Nationalsozialismus. „Schriftwalter" Boderius aus Gerdehaus nutzte das neue Organ für Mitteilungen der NSDAP, „Zelle Faßberg", der Deutschen Arbeitsfront, Abteilung Luftfahrt, des Reichsbundes der Kinderreichen, Kreisabschnitt Müden-Faßberg, ließ den Heizer der Horstkommandantur, Erich Hoffmann mit einem Hochzeitsreisebericht nach Norwegen (ermöglicht durch die NS-Gemeinschaft „Kraft durch Freude" [KdF]), ferner den „Standortschulungswalter" und mit einem Gedicht E. Hillermann von der Fliegerwaffenschule zu Wort kommen und vermeldete Neuzugänge in der Bücherei der DAF.

Aktivitäten der Deutschen Arbeitsfront (DAF)

Die „Deutsche Arbeitsfront" (DAF) war in der Zeit des Nationalsozialismus der Einheitsverband der Arbeitnehmer und Arbeitgeber. Das Faßberger Geschäftszimmer der DAF befand sich im Haus 43, Kommandantur-Verwaltung. Standortobmann der DAF war der Angestellte Boderius.

Verschiedenes gab es auch, wie beispielsweise:

Kleinkaliber-Schießsport der DAF. in Faßberg

Daß auch der Kleinkaliber-Schießsport in unserem Horste einen guten Aufschwung zu nehmen verspricht, zeigte die am 14. Januar 1938 stattgefundene Zusammenkunft im Gefolgschaftsheim.

Der Sportwart Ludwiczak konnte zahlreich erschienene Schießfreunde begrüßen und gab einen kurzen Ueberblick über das bisher in Faßberg zur Durchführung gelangte Schießen. Die Schießgruppe wird in absehbarer Zeit der NS.-Gemeinschaft „Kraft durch Freude" angegliedert werden, so daß dadurch die Möglichkeit der Teilnahme an Veranstaltungen auswärtiger Schießgruppen besteht. (...)

Und etwas darunter: „Jeder Betriebsangehörige, besonders aber jeder Parteigenosse unseres Betriebes weiß, was er unserer Bewegung zu verdanken hat und unterstützt daher auch den Führer, indem er die Zeitungen der Bewegung liest. Für unseren Kreis ist das Parteiorgan die ‚NTZ.' in Hannover."[105]

Die erste Buchhandlung in Faßberg: die Buchhandlung von Prestin im Jahre 1938.
Archiv Eike Bruns

Familiäres wurde aber auch vermeldet, wie die Hochzeiten der Angehörigen der „Betriebszelle Fliegerwaffenschule" Tankwart Ernst Herbst am 31. Dezember 1937 und Arbeitskamerad Rudolf Facius am 16. Januar 1938.

Die Große Fliegerwaffenschule erhielt am 21. Januar 1938 die Bezeichnung „Große Kampffliegerschule Faßberg".[106] Auf dem Fliegerhorst wurden in der folgenden Zeit weitere Verbände stationiert. Bis Ende 1939 zogen immer mehr Verbände auf dem Fliegerhorst ein, darunter der Geschwaderstab nebst II. und III. Gruppe des Kampfgeschwaders 4 „General Wever" und die Stabsstaffel, eine Gruppe des Kampfgeschwaders 26 und andere.[107]

Vom 1. bis 3. Februar 1938 fanden in der ausgeschmückten Turnhalle Aufführungen des Lustspiels „Anneliese von Dessau" statt, aufgeführt von der Berliner Gastspielbühne unter Direktor Hans Homann.[108]

Auf Befehl des Reichsministers und Oberbefehlshabers der Luftwaffe, Generalfeldmarschall Hermann Göring, wurde zukünftig am 1. März der „Tag der Luftwaffe" gefeiert, so auch am 1. März 1938. „Zur Erinnerung an das Wiedererstehen der Luftwaffe im Jahre 1935", so das Horsttagebuch.[109]

Der Fliegerhorst feierte dieses allgemein pompös aufgezogene Ereignis durch eine Paradeaufstellung um 10.30 Uhr in Halle 9 mit einer Ansprache des Kommandanten, Oberstleutnant Fiebig, bei der er unter anderem die Beförderung von 215 Oberfähnrichen der Großen Kampffliegerschule zu Leutnanten bekannt gab, und anschließendem Vorbeimarsch. Um 12 Uhr fand ein „Gemeinschaftsempfang der Veranstaltung im Reichsluftfahrtministerium" (Wortlaut des Horsttagebuchs) und abends Kameradschaftsabende bei den Kompanien statt.

Oberstleutnant Anton Heidenreich. Stärk, S. 81. Archiv der Gemeinde Faßberg.
Repro vom Glasnegativ: TSLw 3

Teilnahme am Einmarsch in Österreich

Aus Anlass der Vorgänge in Österreich – vielerorts demonstrierten vaterländische und sozialdemokratische Bürger für ein freies Österreich – wurde am 10. März 1938 um 22.05 Uhr auf Befehl des Luftkreiskommandos 7 bei der Fliegerhorstkommandantur und der Großen Kampffliegerschule durchlaufender Tag- und Nachtdienst auf den Geschäftszimmern eingerichtet und die flugfähigen Junkers Ju 52 startklar gemacht. Die Besatzungen sollten sich ab dem 11. März 1938, sechs Uhr morgens, zum sofortigen Start bereithalten. Von der Großen Kampffliegerschule wurden neun Ju 52 mit den Offizieren Oberstleutnant Heidenreich, Hauptmann v. Winterfeld, Oberleutnant Maiwald, Oberleutnant Mors, Leutnant Larisch, Leutnant Thiel, Leutnant Wegner und Leutnant Bohländer zum Flug nach Landsberg und eine Ju 52 mit Major Hans Fleischhauer und Leutnant Revermann nach Graz befohlen. Die Maschinen verließen am 11. März 1938 mittags den Horst und nahmen am Einmarsch in Österreich teil.[110]

Der Führer des Verbandes, Oberstleutnant Anton Heidenreich (1896-1982), später Generalmajor, erinnerte sich an die damaligen Ereignisse:[111]

Für das Unternehmen Österreich mußte die Schule eine verstärkte Ju 52-Transportgruppe aufstellen. Auftrag war der Abwurf von Flugblättern. Zu diesem Zweck wurde die Gruppe nach Neubiberg bei München verlegt. Ich war, damals noch Lehrgangsleiter, Führer dieses Verbandes. Infolge einer Änderung des Textes der Flugblätter noch in der Nacht vor dem Einsatz – wie später bekannt wurde, sei der Text zu ultimativ gewesen – mußte die Startzeit wiederholt geändert werden, bis der Start endlich und dann ohne neue Abstimmung hinsichtlich Flugsicherheit für alle Verbände freigegeben wurde. Zu dieser Zeit flogen schon die Kampfverbände ein. Demzufolge gab es bereits im Anflug auf die Ziele Salzburg und Linz kritische Situationen, doch viel mehr noch durch die inzwischen veränderte Wetterlage beim Überfliegen des Wienerwaldes im Schneetreiben und dann über Wien durch die Ballung von Verbänden. Mein Endziel war Wiener-Neustadt, das ich jedoch bei diesem Wirbel im Raum Wien nicht mehr anflog, sondern eine Formationsänderung – es wurde im Gruppen-Keil geflogen – befahl und zudem freien Rückflug für die Staffeln.

Am 12. März 1938 waren um 12 Uhr alle Kompanien und die zivile Belegschaft vor Halle 6 angetreten und hörten die durch Reichsminister für Volksaufklärung und Propaganda Joseph Goebbels (1897-1945) verlesene „Proklamation des Führers über den Anschluss mit Österreich". Aus diesem Anlass wurde vom 12. bis 14. März 1938 an allen Masten geflaggt.[112]

Am 13. März 1938 landeten um 14.20 Uhr neun Maschinen aus Landsberg wieder in Faßberg.[113]

Wie alljährlich wurde am „Heldengedenktag", worin der Volkstrauertag im Sinne der nationalsozialistischen Ideologie mit Gesetz über die Feiertage vom 27. Februar 1934 umbenannt worden war (nicht mehr Totengedenken sollte im Mittelpunkt stehen, sondern Heldenverehrung), am 13. März 1938 eine Sammlung für die „Heldengedenkstätten" in Frankreich und Griechenland veranstaltet. Im Fliegerhorst erbrachte sie den Betrag von 456,80 Reichsmark. Eine Abordnung des Horstes legte einen Kranz am Ehrenmal in Müden nieder.[114]

Der Tag der „Wiederherstellung der Wehrhoheit" am 16. März 1938 wurde durch eine feierliche Flaggenparade eingeleitet. Um 10.30 Uhr fand ein Appell der Kompanien und der zivilen Belegschaft mit Ansprache des Fliegerhorstkommandanten, Oberstleutnant Fiebig, vor Halle 6 statt. Nach dem Appell war für den ganzen Horst dienstfrei.[115]

Major Fleischhauer und Leutnant Revermann landeten am 18. März 1938 mit einer Ju 52 aus Graz wieder in Faßberg.[116]

Unter dem 19. März 1938 verlautete im Horsttagebuch: „Der Bereitschaftsdienst auf den Geschäftszimmern aus Anlaß der Vorgänge in Österreich wird aufgehoben."[117]

Wald- und Heidebrand am Hausselberg

Am 22. März 1938 wurde der gesamte Horst gegen 16 Uhr wegen eines Wald- und Heidebrandes am Hausselberg alarmiert. Dank des entschlossenen Eingreifens aller verfügbaren Mannschaften und Arbeiter war gegen 17.30 Uhr die Gewalt des Feuers gebrochen. Infolge der anhaltenden Trockenheit waren mehrere 100 Morgen Wald und Heide abgebrannt.[118]

Am Abend des 1. April 1938 fand in der Turnhalle auf dem Fliegerhorst eine Wahlveranstaltung statt, bei der der Kreisleiter der NSDAP, Hermann Passe,[119] die Bildung der Ortsgruppe Faßberg der NSDAP bekanntgab und den Angestellten der Bauleitung Knipper („Parteigenosse Knipper") zum Ortsgruppenleiter bestellte.[120]

Mit Wirkung vom gleichen Tage wurde aus dem Luftkreiskommando 4 und dem Luftkreiskommando 7 die Luftwaffengruppe 2 in Braunschweig (Kommandierender General: General Felmy) gebildet.[121]

In der Turnhalle fand am Abend des 4. April 1938 ein gut besuchtes Winterhilfswerk-Konzert statt. Es wurde ausgeführt vom erstmals öffentlichkeitswirksam in Erscheinung tretenden Musikkorps des Fliegerhorstes unter Mitwirkung der Solistin Margarete Kraus. Der Erlös belief sich auf 358,90 Reichsmark.[122]

Die Verkündung des Tages des „Großdeutschen Reiches" am 9. April 1938, selbst im Horsttagebuch so in Anführungszeichen gesetzt, wurde „im Gemeinschaftsempfang unter Heulen aller Sirenen des Horstes und Verkehrsstille angehört".[123]

Tags darauf, am 10. April 1938, ergab die erste Wahl und Abstimmung im Gutsbezirk ein hundertprozentiges „Ja" für den „Führer". Es wurden 710 Ja- und keine Nein-Stimmen im Wahllokal DAF-Heim abgegeben.[124]

Appell zum 20. April 1938. Stärk, S. 76. Archiv der Gemeinde Faßberg.
Repro vom Glasnegativ: TSLw 3

Flaggenparade aus Anlass des Geburtstags des „Führers"

Der Geburtstag des „Führers" am 20. April 1938 wurde mit feierlicher Flaggenparade und „Großem Wecken" eingeleitet. Um 11 Uhr fand eine Paradeaufstellung vor Halle 9 mit Ansprache des Fliegerhorstkommandanten, Oberstleutnant

Fiebig, mit darauffolgendem Vorbeimarsch, statt. Als Gäste waren unter anderem die Parteiformationen der Umgebung anwesend. Anschließend war für den Rest des Tages dienstfrei.[125]

Am 30. April 1938 fand um 17 Uhr auf dem Vergatterungsplatz vor dem Unteroffizierheim die Fahnenweihe von zwei Deutsche-Arbeitsfront-Fahnen, zugleich mit einer DAF-Fahne des Standortes Bergen statt. Nach einer Ansprache des stellvertretenden Fliegerhorstkommandanten, Oberstleutnant Heidenreich, nahm NSDAP-Kreisleiter Hermann Passe die Fahnenweihe vor und über gab die Fahne anschließend dem Standortobmann der DAF, Angestellten Boderius.[126]

Das Unteroffizierheim im Jahre 1938. Digitales Archiv TSLw 3

Der „Tag der nationalen Arbeit" am 1. Mai 1938 begann mit feierlicher Flaggenparade und anschließendem „Großem Wecken". Um 11 Uhr fand ein Umzug der zivilen Belegschaft mit Musikkorps, Spielmannszug und einer Ehrenkompanie durch die Siedlung statt und endete auf dem Vergatterungsplatz. Hier wurde um 12 Uhr von dem ganzen Fliegerhorst gemeinsam die Übertragung des Staatsaktes in Berlin angehört. Nachmittags fand in Halle 9 ein Volksfest unter dem Maibaum mit starker Beteiligung des Horstes und der Siedlung statt, das sich bis in die Morgenstunden hinzog.[127]

Der Kommandierende General und Befehlshaber der Luftwaffengruppe 2, General Felmy, war am Morgen des 21. Mai 1938 kurze Zeit anlässlich einer Trauerparade auf dem Fliegerhorst anwesend.[128]

Der Fliegerhorstkommandant und Kommandeur der Großen Kampffliegerschule Faßberg, Oberstleutnant Fiebig, wurde mit Wirkung vom 1. Juni 1938 zum Oberst befördert. Derselbe wurde am 16. Juni 1938 rückwirkend zum 1. des Monats als Kommodore des K.G. General Wever Nr. 253 nach Gotha versetzt.

Mit der Wahrnehmung der Geschäfte des Fliegerhorstkommandanten und Kommandeurs der Großen Kampffliegerschule wurde Oberstleutnant Anton Heidenreich beauftragt, der bisher Leiter vom Lehrgang I der Großen Kampffliegerschule gewesen war.[129]

Am 21. Juni 1938 nahmen die Große Kampffliegerschule Faßberg und die Fliegerhorstkommandantur geschlossen an der „Sonnenwendfeier" der Ortsgruppe Faßberg der NSDAP auf dem Faßberg teil.[130]

Mit dem 1. Juli 1938 wurde Oberstleutnant Heidenreich zum Fliegerhorstkommandanten und Kommandeur der Großen Kampffliegerschule ernannt.[131]

Zur Vorbereitung der Aufstellung von Schlachtgruppen wurde am 10. Juni 1938 die Einrichtung von „Lehrgängen für Schlachtflieger" bei den Kampffliegerschulen angeordnet. Für die Zeit vom 1. bis 31. Juli 1938 wurden auf dem Horst im Zuge der Mobilmachungsmaßnahmen für das Sudetenunternehmen zwei Schlachtgruppen aufgestellt: die Fliegergruppe 30 unter Führung von Hauptmann Siegfried von Eschwege (Tarnbezeichnung: „Lehrgang E") und die Fliegergruppe 30 unter Führung von Major Georg Spielvogel (Tarnbezeichnung: „Lehrgang Z". Zur Fliegergruppe 30 gehörten Flugzeuge des Typs Henschel Hs 123, ein einsitziger, einmotoriger Doppeldecker, der als leichtes Sturzkampfflugzeug und als Schlachtflugzeug eingesetzt wurde, und zur Fliegergruppe 40 Heinkel He 45-Stukas.[132]

Als Gäste der Truppe wurden für die Zeit vom 4. Juli bis 5. August 1938 ein Führer und 20 Hitlerjungen zwecks Erholung und Bekanntwerden mit der Luftwaffe und ihrem Dienst auf dem Fliegerhorst untergebracht.[133]

Am 21. Juli 1938 fand eine Trauerparade für Leutnant Alberts von der Großen Kampffliegerschule in Halle 3 statt.[134]

Bau der Volksschule 1938

Im Jahre 1938 tat sich etwas im schulischen Bereich. Dazu Karl Taubert in seinem Rückblick: „Ferner erwies sich das Schulproblem als eine große Belastung sowohl für die Kinder und Eltern als auch für die Behörde. Bis zum Jahre 1938 waren die Schulkinder auf die Schulen der Nachbarorte angewiesen. Auf Grund der weiten Entfernung, der schwierigen Wegeverhältnisse und der Überfüllung der Nachbarschulen war dieses auf die Dauer ein untragbarer Zustand. Daher wurde im Jahre 1938 die hiesige Volksschule erbaut. Mit dem Schulneubau wurde der Bau einer Kirche verbunden, die der seelischen Betreuung von Angehörigen der evangelischen und der katholischen Konfession dienen soll. Bedingt durch vorstehend geschilderte Vorgänge wurde Faßberg von Schmarbeck gelöst und die Schaffung einer Gutsbezirksverwaltung angeordnet. Diese hatte die gesamten kommunalen Belange zu erledigen. Zum Leiter der Gutsbezirksverwaltung wurde der Leiter der Standortverwaltung bestimmt."

Unter Teilnahme der Zivilbelegschaft des Horstes und unter Mitwirkung der Schulkinder und ihrer Lehrer fand am 8. August 1938 die Übergabe und Einweihung der neuen Schule am Marktweg statt. Es wurden Ansprachen gehalten und Lieder gesungen.[135]

Am 20. August 1938 fand vor Halle 10 eine Trauerparade für den zwei Tage zuvor abgestürzten Obergefreiten John von der 1. Staffel der Fliegergruppe 40 statt.[136]

Am 7. September 1938 wurden die Schlachtgruppenlehrgänge E und Z nach Straubing beziehungsweise Regensburg-Obertrautling verlegt.[137]

Am 10. September 1938 wurde die Kampfgruppe z.b.V. 5 aufgestellt. Kommandeur war Oberstleutnant Ahlefeld. Ende September 1938 ging diese Kampfgruppe nach Cottbus und nahm am Einmarsch ins Sudetenland teil.[138]

Der Generalinspekteur der Luftwaffe wohnte am 21. September 1938 dem Dienst der Großen Kampffliegerschule bei.[139]

Die Kampfgruppe z.b.V. 5 kam am 18. und 19. Oktober 1938 nach Faßberg zurück.[140]

Am 25. Oktober 1938 fand um 11 Uhr vor Halle 6 die Verabschiedung der zur Entlassung anstehenden Reservisten durch den Horstkommandanten, Oberstleutnant Anton Heidenreich, statt.[141]

Am 31. Oktober 1938 wurde die Kampfgruppe z.b.V. 5 aufgelöst.[142]

In der Turnhalle fand am 9. November 1938 unter Teilnahme der Offiziere, Beamten und Zivillehrer des Horstes eine Gedenkfeier der NSDAP, Ortsgruppe Faßberg, „für die Gefallenen der Bewegung" statt.[143]

Am 10. November 1938 fand eine Feierstunde des Volksbundes Deutsche Kriegsgräberfürsorge mit einem Lichtbildervortrag von Generalleutnant z.V. Heinrich von Schenkendorff (1877-1941) in der Turnhalle statt.[144]

Die neue Schule am Marktweg im Jahre 1938. Archiv Eike Bruns

Richtfest der neuen Siedlung

Aufschlussreich ist der nachfolgende Eintrag im Horsttagebuch (24.11.1938): „Richtfest der sog. neuen Siedlung Faßberg. Es wurden etwa 24 Doppel- und 6 Einzelhäuser mit 90 Wohnungen gerichtet. Bauherr war die Niederdeutsche Wohnungsgesellschaft. Die Gesamtausführung lag in den Händen der Firma Greilig, Dorsten i. Westf. Die Zimmerarbeiten führte die Firma Nachbarschulte, Dorsten aus."

Das Horsttagebuch vermeldet des Weiteren nun auch die Weihnachtsfeiern der Kompanien, und zwar unter folgenden Daten:[145]

8.12.1938: 1. Schüler Kompanie Große Kampffliegerschule
9.12.1938: 2. Technische Kompanie Große Kampffliegerschule

12.12.1938: Fliegerhorstkompanie und Luftnachrichtenstelle
13.12.1938: 1. Technische Kompanie Große Kampffliegerschule
14.12.1938: 2. Schüler Kompanie Große Kampffliegerschule
15.12.1938: Stabskompanie

Auch die Übergabe des Kirchenneubaus an den Gutsbezirk wurde im Horsttagebuch thematisiert. Aus der Sicht des Berichtenden stellte sich das Ereignis wie
folgt dar: In Anwesenheit geladener Gäste wurde am 18. Dezember 1938 um 9
Uhr die neu erbaute Kirche in der Siedlung Faßberg durch den Baumeister, Architekt Kröger aus Hannover, an den Gutsvorsteher Amtmann Taubert übergeben. Anschließend fanden in dem Simultan-Gotteshaus die Einweihungsgottes-
dienste statt, und zwar ein evangelischer durch den Wehrmachtsdekan Otto und
ein katholischer durch den Wehrmachtsoberpfarrer Kostrop. Der Nachmittag
wurde durch Besichtigungen der Kirche, die ein Gemeinschaftswerk namhafter
niedersächsischer Künstler darstellt, unter Führung des Architekten ausgefüllt.[146]

Angehörige der Werft, Halle 6 und 7 (Wartung und Instandsetzung der Flugzeuge), Ende
1938/1939 (vor Kriegsbeginn). Foto-Herrmann, Potsdam, Charlottenstr. 25, Tel. 3384. Foto:
Hermann Kugel, Repro: TSLw 3/Druckerei

Zum Kirchenneubau berichtete die „Monatschrift für Pastoraltheologie" 1939:
„Die evangelische Kirche Deutschlands. Am 4. Advent 1938 wurde in der
neuen Siedlung Faßberg bei Unterlüß-Fliegerhorst (Lüneburger Heide) eine von
Generalfeldmarschall Göring gestiftete Kirche in Benutzung genommen, die
sowohl den Evangelischen wie den Katholiken dienen soll und 600 Sitzplätze
hat. Den ersten evangelischen Gottesdienst hielt Wehrkreisdekan Otto, Hanno-

ver. Die Kirche, ein schlichter Backsteinbau, ist durch Architekt Kröger, Hannover, errichtet."[147]

Auf Veranlassung des Horstkommandanten wurden im Winter 1938/39 „von bedeutenden Rednern der Bewegung" (Horsttagebuch) einmal wöchentlich Vorträge gehalten, „um die Belegschaft des Horstes mit dem nat.soz. Gedankengut vertraut zu machen". „Die Beteiligung der Belegschaft war trotz anderweitiger Inanspruchnahme gut."[148]

Aufführung eines Lustspiels

Am 24., 25. und 26. Januar 1939 fanden in der Turnhalle Aufführungen des Historischen Lustspiels „Marianne von Leuthen" durch eine Berliner Gastspielbühne statt.[149]

Für die Truppe und für Zivilbelegschaft mit ihren Angehörigen hielt Dr. Wegner aus Berlin am 4. Februar 1939 einen Lichtbildvortrag über das Thema „Im Fluge durch das Weltall".[150]

Am „Heldengedenktag" (gleichzeitig „Tag der Wiederherstellung der Wehrhoheit") am 12. März 1939 fand eine feierliche Flaggenparade, verbunden mit „Großem Zapfenstreich" und Kranzniederlegung am Ehrenmal in Müden, statt.[151]

Im Anschluss an einen Appell der gesamten militärischen und zivilen Belegschaft des Horstes vor Halle 6 fand am 28. März 1939 die Vereidigung der im Monat März neu eingestellten Gefolgschaftsmitglieder in Haus 19 statt.[152]

Die Veranstaltungen des Fliegerhorstes Faßberg am „Tag der Wehrmacht" in Halle 9 am 18./19. März 1939 (Wunschkonzert und Abzeichenverkauf) erbrachten für das Winterhilfswerk einen Reinertrag von 7097,09 Reichsmark und einen Freiplatz von vier bis acht Wochen „für ein Mädel aus der Ostmark oder dem Sudentengau" (Horsttagebuch).[153]

Am 31. März 1939 veranstaltete die Landesbühne Hannover einen Theaterabend mit dem Schauspiel „Lody" von Walther Heuer.[154]

Am 13. April 1939 besuchte der General der Flieger Ernst Udet den Horst.[155]

Unterm 18. April 1939 vermeldet das Horsttagebuch: „Auf Wunsch der NSV Kreisleitung Celle wurden für die Zeit vom 18.4. bis 16.5.1939 20 erholungsbedürftige Jungen aus dem Gau Ost-Hannover auf dem Fliegerhorst untergebracht."[156]

Und unterm 20. April 1939: „Am Geburtstage des Führers fand eine feierliche Flaggenparade vor Halle 9 mit anschließendem großen Wecken statt."[157]

Am 1. Mai 1939 wurde auf dem Fliegerhorst der „Nationale Feiertag des Deutschen Volkes" mit Flaggenparade begangen. Für die Bewohner der Siedlung erfolgte am Abend vorher die Aufstellung des Maibaums auf dem Schulhof, verbunden mit Vorführungen von Volkstänzen und Maisingen.[158]

1. Mai: Feier vor der Faßberger Schule. Archiv Eike Bruns

Die erste Rate erholungsbedürftiger Unteroffiziere und Mannschaften des Horstes wurde am 6. Juni 1939 in einer Stärke von 25 Mann mit einer Junkers Ju 52 zum Erholungsaufenthalt zum Fliegerhorst Tarnewitz in Mecklenburg gebracht. Die weiteren Raten sollten mit Ablösung nach etwa zehntägigem Aufenthalt in Tarnewitz bis Mitte September 1939 folgen.[159]

„Von hier ab gilt das Kriegstagebuch"

Unter diesem Eintrag im Horsttagebuch verlautet bereits: „Von hier ab gilt das Kriegstagebuch".

Im Rückblick erinnerte sich Hugo Weisner, dass die Belastungen durch den Flug von Kampfflugzeugen und den Abwurf von Bomben zum Alltag gehört hätten. Die Bevölkerung habe sich daran gewöhnt: „Im Übergang 1938/39 konnte man, kommunalpolitisch gesehen, sagen, die schwerste Zeit war überwunden. (...) Früh begann der tägliche Dienst und die Freizeit endete in den sonnig schönen Gärten und Veranden mit der heranwachsenden Familie bei Kaffeetisch. Selbst tiefe Trauer über Unfälle konnte dieses Idyll nicht dauernd überschatten. Vom Horst herüber schallten die Propeller ihren jauchzenden Ton. Die Stukas pfiffen das hohe C und die abgeworfenen Bomben, da ganz hinten, machten den Baß. Dieses Konzert gehörte zu Faßberg wie das Brüllen der Kühe auf einem großen Bauernhof."[160]

Das Rollfeld wurde aufgrund anderer Maschinentypen vergrößert und lief zukünftig unter dem Namen „Trauener Rollfeld". Mit Ausbruch des Krieges 1939 war das Trauener Rollfeld betriebsfertig.[161]

Im Niedersächsischen Landesarchiv -Staatsarchiv Wolfenbüttel- befindet sich eine Akte, die eine Wiedersehensfeier von ehemaligen SA-Kameraden auf dem Flugplatz Groß Faßberg am 19. und 20. August 1939 behandelt. Einladender war der Sturmbannführer Hans Kleinschmidt in Braunschweig, Sommerlust Nr. 4. Die Akte (Handakte SA-Sturmbannführer Kleinschmidt) enthält dazugehörige (Teilnehmer-) Listen mit Namen von Personen aus dem Raum Hannover, Bevern und Blankenburg und teilweise weiteren Angaben zur Person. Das Wiedersehensfest genehmigte Oberstleutnant Hans Fleischhauer, der 1936 bis 1938 als Lehrer an der Kampffliegerschule Faßberg unter Oberst Fiebig tätig war, mit Schreiben vom 4. August 1939.[162]

Unter Major Oskar von der Lühe (1884-1962), später Oberstleutnant und Fliegerhorstkommandant, wurde ein Kriegstagebuch begonnen, das bis Ende März 1941 die Ereignisse in Faßberg festhält.

Die Einträge setzen ein mit dem Eintreffen von Hitlers Befehl zur Mobilmachung ohne öffentliche Verkündung (des „X-Befehls") am 25. August 1939 um 18.55 Uhr.[163] (siehe Anlage)

Am 1. September 1939 begann der Zweite Weltkrieg (1939-1945). In Faßberg wurden schnell die Siedlungshäuser mit Tarnfarbe übertüncht und weitere Kiefernbestände zur Tarnung gegen Fliegersicht gesetzt. Auf dem Fliegerhorst wurden naturgemäß weitere Verteidigungsmaßnahmen befohlen.

Vier Tage nach Ausbruch wurde die Große Kampffliegerschule Faßberg mit ihrem Stab nach Hörsching in Oberösterreich verlegt. Am 18. Juni 1940 wurde hier die VI. (Ergänzungs-) Gruppe des Kampfgeschwaders 4 aufgestellt.

Am 2. Februar 1940 ereignete sich außerhalb des Zaunes bei den roten Baracken ein Unglück. Eine Heinkel He 111 stürzte ab, die Besatzung kam ums Leben. Im Kriegstagebuch wurde ein Mangel an Fahrzeugen angesprochen, weshalb die ärztliche Versorgung nur verzögert einsetzen konnte. Ihr Leben verloren Oberfeldwebel Willi Winkelmann, Feldwebel Walter Immisch und die Unteroffiziere Werner Herschenöther, Paul Hösel und Richard Kößler, alle Angehörige des Kampfgeschwaders 4.

Das Kriegstagebuch berichtete: „19.20 Uhr kommt telefonischer Anruf, daß außerhalb des Zaunes bei den roten Baracken eine He 111 mit 1 Oberfeldwebel, 1 Feldwebel und 3 Unteroffizieren als Besatzung, abgestürzt ist. Die Maschine fing beim Aufschlag sofort Feuer. Feuerwehr, Luftwaffen-Sanitäts-Staffel, Flugleitung und Technische Leitung bekommen sofort Nachricht. Immer wieder muß leider festgestellt werden, daß der Horst durch befohlene Abgabe von 2 Pkw nunmehr mit zu wenig Kraftfahrzeugen ausgerüstet ist. Nachdem bereits der Unterarzt zu Fuß zur Unglücksstelle geeilt war, mußte der 2. Arzt eine halbe Stunde warten, bevor ein weiterer Wagen für ihn bereitgestellt werden konnte, nachdem der erste Wagen im Schnee stecken geblieben war. Für den Flugleiter konnte daher kein Wagen zur Verfügung gestellt werden, ebenso nicht für den Prüfleiter, ersterer traf erst 40 Minuten nach dem Unfall ein, letzterer hielt unterwegs einen vorbeifahrenden fremden Wagen an und ließ sich zur Unfallstelle bringen. 4 Mann waren sofort tot, einer gab noch Lebenszeichen von sich, verschied aber im Revier 40 Minuten nach Einlieferung."

Am 6. Februar fand um 10 Uhr in der Turnhalle die Trauerfeier und die Überführung der Leichen zum Bahnhof statt.

Wenige Tage später stürzte bereits das nächste Flugzeug ab. Diesmal war es eine Heinkel He 111 der II./K.G. 4 4. Staffel, die mit fünf Mann Besatzung auf das Dach des Oberförsters von Brambostel stürzte und das Wohnhaus sowie den nebenstehenden Stall vollkommen einäscherte. Der Oberförster mit seiner Frau und seinem Dienstmädchen konnten sich nur mit knapper Not retten. Die fünf ums Leben gekommen Soldaten waren die Oberfeldwebel Herbert Kudschmierski und Friedrich Martin, Feldwebel Wilhelm Augustin und die Unteroffiziere Johannes Hamelmann und Karl Helbig.[164]

Am 4. April 1940 stürzte gegen 22 Uhr bei Kohlenbissen erneut eine Heinkel He 111 ab, und zwar mit vier Mann Besatzung, Angehörigen der 1./K.G. 126. Der Staffelkapitän, Hauptmann Rudolf Rücker, und Oberleutnant Fritz Latislaus und Flieger Gerd Schmehl fanden den Tod. Ein Mann wurde schwerverletzt geborgen.[165] Am 7. April wurden die drei Leichname um 10.30 Uhr von der Halle 12 aus überführt.

Teilnahme am „Westfeldzug"

Von Faßberg aus starteten Flieger in den Monaten April und Mai 1940 zu Einsätzen nach Holland, Dänemark und Norwegen.

Dass auf dem Fliegerhorst stationierte Verbände aktiv am „Westfeldzug" beteiligt gewesen sind, erwähnt das Kriegstagebuch nicht. Allerdings sind dort für die Nächte des 10. und 11. Mai 1940 umfangreiche nächtliche Einsatzflüge vor allem von Maschinen des Kampfgeschwaders 126 dokumentiert:

10.5.1940

Einsatzflüge:

3,00 Uhr Stab K.G. 4 mit 6 Maschinen gestartet, davon 4 Maschinen bis 18,28 Uhr gelandet.
3,00 Uhr 2. K.G.4 mit 22 Maschinen gestartet, davon 4 Maschinen bis 10,38 gelandet.
3,25 - 8,03 K.G.126 mit 18 Maschinen gestartet. Kommodore Oberst Fiebig vorläufig nicht zurückgekehrt.
9,07 Uhr wird Horstsperre wieder aufgehoben.
Stab K.G.4 und II K.G. 4 verlegt.
Wetter: Vorm. leicht bedeckt, dunstig,
nachm. meist wolkig, dunstig.
Gesundheitszustand: Gut.

11.5.1940

Einsatzflüge:

5,20 - 7.05	*K.G.126 mit 6 Maschinen*
	(wegen schlechten Wetters zurück)
7,28	*K.G.126 mit 1 Maschine*
9,51 - 13,55	*K.G.126 mit 3 Maschinen*
11,35 - 15,55	*K.G.126 mit 3 Maschinen*
12,57 - 16,25	*K.G.126 mit 3 Maschinen*
13,28 - 18,19	*K.G.126 mit 3 Maschinen*
13,53 - 17,37	*K.G.126 mit 3 Maschinen*
14,37 - 18,12	*K.G.126 mit 3 Maschinen*
16,33 - 20,25	*K.G.126 mit 3 Maschinen*
16,25 - 19,36	*K.G.126 mit 1 Maschine*
21,30 - 5,35	*K.G.126 mit 12 Maschinen*

4,05 - 17,50   K.G. 4 mit 5 Maschinen
17,00 Blindfluglehrgang im Luftverkehr verlegt.
Wetter: Vorm. bedeckt, Regen, Nachm. vorwiegend wolkig.

<u>*12.5.1940*</u>

14,45 Uhr die Flak-Stellungen 1 u. 11 schießen abgerissenen deutschen Sperr-ballon ab mit 16 Schuß.

Einsatzflüge:

10,02 - 22,23 Uhr K.G.126 mit 20 Maschinen

(davon 2 nicht zurück)

14,07 - 20,12   K.G. 4 mit 3 Maschinen

Das fliegende Personal dazu wohnte im Hotel zur Post in Müden/Örtze.[166]

Kampfflugzeuge vom Typ He 111 bei einem Einsatz über Frankreich. Repro: Eike Bruns

Frauen trugen großen Teil der Kriegslast mit

1939 bis 1945 trugen Frauen aus Faßberg entgegen dem propagierten Bild der Nationalsozialisten einen großen Teil der Kriegslast mit. Sie leisteten Arbeits-einsätze bei Rheinmetall in Unterlüß, fertigten Strickwaren für Frontsoldaten und wurden als Krankenschwestern ausgebildet.

Zur Versorgung der Bevölkerung mit Lebensmitteln wurde mit Kriegsbeginn kostenlos ein LKW vom Fliegerhorst gestellt. Mit diesem LKW fuhr Kurt Fach (Vorgänger von Klauck und Sieblitz), der auch Soldat in Faßberg wurde, einmal in der Woche zum Einkauf nach Hannover – gleichzeitig im Auftrag der anderen Faßberger Geschäftsleute. Für 20 Pfennige konnte man mit einem Militärbus, der mehrmals täglich verkehrte, nach Unterlüß fahren und für fünfzig Pfennige das Kino auf dem Fliegerhorst besuchen. Einmal in der Woche sowie sonntags fuhr ein Triebwagen direkt vom Fliegerhorst nach Celle. August Bruns: „Ich

habe erlebt, daß der Führer des Triebwagens kurz vor dem sogenannten ,Traue-
ner Tor' den Wagen Schritt fahren ließ, hinaussprang, das Tor öffnete, den
Triebwagen herausfahren ließ, das Tor schloss, dann wieder auf den Wagen
sprang, und weiter ging es! Auf dem Bahnhof Poitzen passierte es, daß von der
Dampflok des aus Munster kommenden Zuges heißes Wasser in die von Dora
Lange bereitgestellten Wannen und Bottiche (sie hatte Waschtag) abgelassen
wurde."[167]

Edith Gersch trat schon als 16-Jährige am 15. September 1940 bei der damaligen Gruppe Verwaltung der Fliegerhorstkommandantur Faßberg ihren Dienst als
Bürokraft an und war dort bis zum 16. April 1945 tätig.[168]

Während des Krieges waren meistens Bomberverbände, häufig das Kampfgeschwader 4 „General Wever" (mit Heinkel He 111), auf dem Horst stationiert.
Deckname des Horstes war „Geiser". Es wurde weiter geschult, nun auch auf
der Ju 88 und He 111.

Im Oktober 1940 trafen 25 französische Kriegsgefangene auf dem Fliegerhorst
ein, die die Bausoldaten beim Barackenbau unterstützten. Am 14. Januar 1941
berichtete das Kriegstagebuch, dass seit dem 6. Januar ein ständiges Kommando
von 40 Fliegern und 50 französischen Kriegsgefangenen bei Windbrucharbeiten
in dem Horst beschäftigt gewesen seien.[169]

Für die gefährlichen Lebensbedingungen der Kriegsgefangenen spricht, dass am
3. März 1941 um 15.45 Uhr drei Kriegsgefangene bei der missglückten Ent-
schärfung eines Blindgängers auf dem Bombenabwurfplatz ums Leben gekommen und vier verletzt waren. Der Einsatz von Kriegsgefangenen beim Räumen
von Blindgängern war ein klarer Verstoß gegen das Kriegsvölkerrecht.[170]

Blick in den Drosselweg, etwa 1940/41. Die Häuser sind bereits mit Tarnfarbe gestrichen.
Archiv Eike Bruns

In Sachen Kreispolizeiverordnung über Baugestaltung im Landkreis Celle verfügte der Regierungspräsident in Lüneburg gegenüber dem Landrat Heinichen
unterm 4. Juli 1941:[171]

Die Frage, ob die Kreispolizeiverordnungen im Einvernehmen mit dem Gemein-
deverband oder den Gemeinden zu erlassen seien, ist bereits früher von mir ge-
prüft worden. Ich bin dabei zum Ergebnis gekommen, daß es in den Fällen, in
denen die Polizeiverordnung nicht für alle Gemeinden des betreffenden Kreises
Geltung haben soll, des Einvernehmens mit den betroffenen Gemeinden und
nicht des Einvernehmens mit dem Gemeindeverband bedarf. Da in Ihrem Falle
der Gutsbezirk Faßberg aufgenommen sein soll, bedarf es also m. E. des Ein-
vernehmens mit den betroffenen Gemeinden. Ich halte aber auch die von Ihnen
gewählte Fassung für unbedenklich. An Stelle der Bezeichnung „Gutsbezirk
Fliegerhorst Faßberg" ist jedoch die Bezeichnung „Luftwaffengutsbezirk Faß-
berg" zu wählen.

Aus der Gegend von Faßberg ist das Schicksal der jüdischen Familie Simon belegt:[172] Nachdem Franz Simon Anfang Dezember 1941 erneut bei einem Bauern
in Müden/Örtze untergekommen war, musste er Mitte des Monats nach Hannover zurückkehren, von wo aus er – wie seine Großmutter, Mutter und Schwester
– am 15. Dezember 1941 in das Rigaer Ghetto verschleppt wurde. Die Familie
fiel dem nationalsozialistischen Massenmord zum Opfer. Keiner von ihnen über-
lebte.

Im Jahre 1942 wurden auf dem Fliegerhorst neue Wohnbaracken erstellt, um das
im Januar eingetroffene Personal der Fliegertechnischen Schule 2 (TS 2) vollständig unterzubringen. Nach Darstellung des Leiters der Fliegertechnischen
Schule 2 und neuem Horstkommandanten, Oberst Kurt Hake (1894-), leisteten
den Barackenbau das Vorkommando der TS 2 und zur Grundausbildung kom-
mandierte Soldaten.[173]

Zwangsarbeit

Kurt Hake berichtete später, dass im Frühsommer 1942 „die gefangenen Russen" ersatzlos abberufen worden seien. Das „Angebot", KZ-Häftlinge nach Faßberg zu verlegen, die unter dem Befehl der SS stehen sollten, sei zunichte geworden, da „die Partei" den Antrag abgelehnt habe, sie dem Fliegerhorst zu un-
terstellen. Dafür seien aber „an die 200 Russinnen" im Alter von 25 bis 30 Jahren aus Weißrussland, der Ukraine und den Karpaten eingetroffen, die im Barackenlager am Ausgang untergebracht und nach seinen Worten „menschenwür-
dig" behandelt und verpflegt worden seien. Man habe sie nach Eignung in
Landwirtschaft, Küchen, Nähstube, Wäscherei und so weiter aufgeteilt. Ein Italiener sei nachts im Lager der Russinnen entdeckt worden. Er sei beim Flucht-
versuch vom Wachposten erschossen worden.[174]

Das Zitat des ehemaligen Horstkommandanten entlarvt, dass bei den Bauarbei-
ten am Fliegerhorst Faßberg regelmäßig Zwangsarbeiter herangezogen wurden.
Die heutigen Erkenntnisse über die Zwangsarbeit im Dritten Reich lassen große
Zweifel an einem menschenwürdigen Umgang mit den Arbeitern aufkommen.

Auf dem Fliegerhorst Faßberg waren ausländische Zwangsarbeiter vor allem zu
gefährlichen Aufräumungsarbeiten nach Bombenangriffen eingesetzt.[175]

Faßberg in der zweiten Kriegshälfte

Dieses Foto stammt aus einem kleinen Fotokonvolut vom Winter 1942/43. Die Soldaten haben den technischen Unteroffizierlehrgang besucht. Auf diesem Foto steht umseitig: „In der Lüneburger Heide im Februar 1943 mit: Schwank, Feierabend, Meißner, Strauß, Förster u. Bährisch."

Und hier: „Stube 5 Baracke 181 Faßberg. Techn. U.L.K. Im Februar 1943".
Sammlung und Repro (2): Matthias Blazek

Bis zur Beendigung des Krieges gab es keine feste Startbahn in Faßberg. Es gab zwei Rollfelder, das Faßberger und das Trauener. Zwischen beiden war noch ein Waldstück von Halle 12 zum Oerreler Wald. Dort befand sich nur eine Schneise, auf der die Flugzeuge von einem zum anderen Feld rollen konnten. Es wurde auf dem F-Rollfeld auch in ganz anderer Richtung gestartet als später. Die Flugschneise ging ungefähr in Richtung der heutigen Großen Horststraße über Halle 7. Dadurch passierten auch die beiden Unglücke, als eine eigene Maschine auf das DAF-Heim am Trauener Weg („August im Busch") fiel (4. Juli 1943) und ein Nachtjäger sich auf das Haus 18 (Unteroffizierheim) setzte. Ein Leuchtfeuer bei Hankenbostel diente als Richtungsweiser, außerdem gab es eine Beleuchtungsanlage in der Nähe des Oerreler Tores.[176]

Über die Gründung eines Bestattungsvereins im Jahre 1943 berichtete Hugo Weisner: „Anlaß war ein tieftrauriger Todesfall. Niemand von den zuständigen Stellen, sei es die Verwaltung, die Kommandantur oder gar die Gutsbezirksverwaltung, fühlte sich verpflichtet zu helfen oder einzugreifen, um einen freiwillig aus dem Leben geschiedenen Offizier zu bestatten. Diese Dienststellen waren der Siedlung gegenüber fremd, der immer helfende Karl Taubert nach Dänemark versetzt. In Faßberg aber gab es kein Bestattungs-Institut, keine Totenfrau, kein Sarglager, auch kein Fuhrwerk. Also Selbsthilfe. Aus dieser Selbsthilfe ist 1943 von beherzten Männern und mir der heute gesichert dastehende Bestattungsverein gegründet worden."[177]

Wieder ärztliche Versorgung für Zivilisten

In der Faßberger Bevölkerung regten sich Proteste gegen die Verschlechterung der medizinischen Versorgung der Zivilisten, woraufhin Stabsarzt der Reserve Dr. Stuhler 1944 die Betreuung unter Missachtung des unterm 24. Juli 1940 vom Flughafenbereichsarzt erteilten Befehls wieder aufnahm.[178]

Den Bewohnern der Weißen Siedlung standen vier Bunker zur Verfügung. Wie überall herrschte auch hier Verdunkelung und Furcht vor Luftangriffen, die jedoch bis Juni 1944 ausblieben.

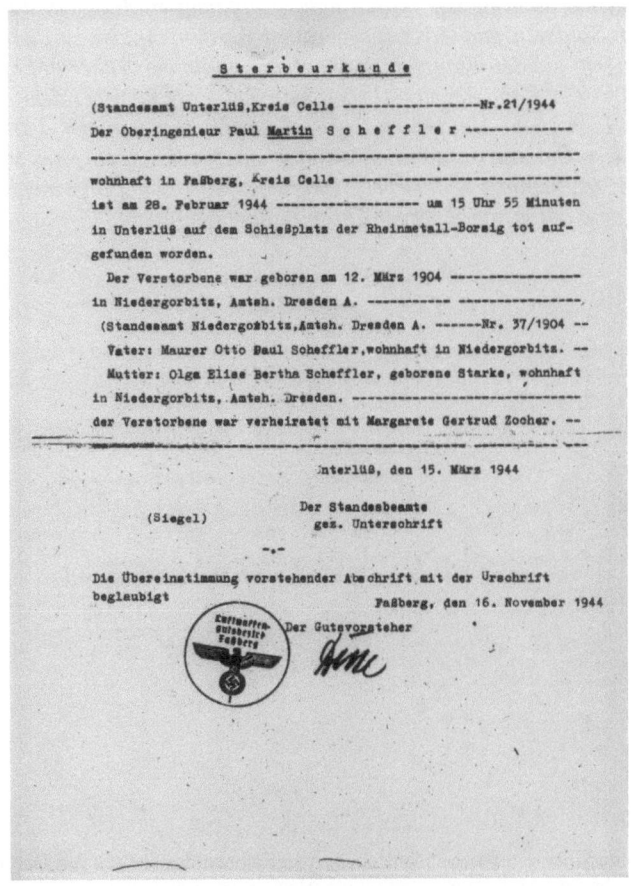

Am 28. Februar 1944 verunglückten in Unterlüß fünf Mitarbeiter der Flugzeugprüfstelle Trauen, und zwar der Oberingenieur Martin Scheffler, Dr. Karl Hedfeld, Betriebsingenieur Franz Heidenreich, Ernst Riggers und Wilhelm Koppkau. Das Bild zeigt die Sterbeurkunde für Martin Scheffler. Foto: Hans Jürgen Lang/Digitales Archiv TSLw 3

1944 bis 1945 kam es zu verschiedenen Luftangriffen der Alliierten. Der Flugbetrieb wurde auf Grasnarbe abgewickelt.

Der Ort Faßberg selbst war nicht Ziel von Fliegerangriffen. Zweimal wurde die Siedlung allerdings durch Notabwürfe in Mitleidenschaft gezogen. Bei dem ersten Notabwurf, er erfolgte laut Hugo Weisner am 18. Juni 1944, fiel nach der Erinnerung von August Bruns eine Bombe in den Garten des Hauses Janssen (General-Litzmann-Weg) und eine weitere in den Vorgarten des Hauses Jägerweg Nr. 4. Die Bombe schlug sechs Meter neben dem Hausherrn in die Erde und riss ein Riesenloch. Hausherr Weyhers blieb wie durch ein Wunder unverletzt.[179]

August Bruns schrieb:[180]

In den letzten Kriegsmonaten verging kaum ein Tag ohne Fliegeralarm. Ganz Faßberg suchte dann Schutz in den nahen Waldungen. Auch der Fliegerhorst musste von Soldaten und Zivilisten geräumt werden. Anlass zu diesem Befehl war ein Angriff auf den Flugplatz in Diepholz, wohin der früher in Faßberg stationierte Arzt Dr. Vagt versetzt worden war. Dr. Vagt kam bei dem Angriff als erster ums Leben und den andern Opfern konnte erst viel später ärztliche Hilfe zuteil werden. Bei einer solchen Räumung unseres Fliegerhorstes wurde eine Gruppe, die in Richtung Schmarbeck unterwegs war, mit Splitterbomben belegt. Die Opfer sind auf dem Faßberger Ehrenfriedhof beigesetzt.

Friedrich Dette vollzog die Beschlagnahmung von Räumen des Hauses von Hermann Kugel für Luftkriegsbetroffene, 1. August 1944. Foto: Hans Jürgen Lang/Digitales Archiv TSLw 3

Theodor Richter kam mit der Wischauer fliegertechnischen Schule 5 im Februar 1945 nach Faßberg. Er hatte dort bereits im Spätsommer 1942 seinen Unteroffizierlehrgang unter Oberleutnant Lindequist absolviert, der später selbst als Hauptmann nach Wischau (in Südmähren) gekommen war – beide waren Segelfliegerkameraden – und im Krieg gefallen sein soll. Richter schrieb seinen Tanten in einem Brief: „In Faßberg wurde mir etwa am 10. April eine Versetzung mit Marschbefehl nach Gardelegen zu den Fallschirmjägern in die Hand gedrückt. Die Tage vorher hatte ich mit Sprengung von Turbinentriebwerken, die nicht in Feindeshand fallen sollten zugebracht. Das ist ein trauriges Geschäft, wenn man so das Eigene zerstören muß."[181]

Der Fliegerhorst Faßberg zur Zeit des Zweiten Weltkrieges (1939-1945). Archiv der Gemeinde Faßberg. Repro vom Glasnegativ: TSLw 3

Bombenangriffe vom 4. und 7. April 1945

In den ersten Tagen des April 1945 verschärften sich die Angriffe der Alliierten. Das bekam auch der Fliegerhorst Faßberg zu spüren. Da ist zunächst der alliierte Bombenangriff durch 149 amerikanische B-17-Bomber vom Ostersonntag, 4. April 1945, zu nennen. In der Weißen Siedlung erhielt das Haus Nr. 100 in der Weißen Siedlung (heute Am Anger 19, nicht wieder aufgebaut) nach einem Notabwurf einen Volltreffer, die in Hamburg-Harburg ausgebombte Nichte des auf dem Fliegerhorst tätigen Karl Ballüer, Anneliese Hagen, verlor dabei ihr Leben. Außer diesem einzigen zivilen Bombenopfer aus Faßberg sollen noch zwölf Soldaten auf dem Fliegerhorst umgekommen sein. Darunter war der Unteroffizier Alois Herrmann, geboren am 3. Mai 1897, der nach erlittenem Lungenschuss auf dem Transport zum Reservelazarett Bergen starb.[182]

Bei diesem und einem weiteren Angriff auf den Fliegerhorst am 7. April 1945 wurden insgesamt 415 Tonnen Bomben abgeworfen. Getroffen wurden in erster Linie das Rollfeld und die am Waldrand abgestellten Flugzeuge. Der Block 49 wurde vollkommen zerstört, die Halle 5 erlitt leichte Schäden, die Rollbahn war durch 300 Bombentrichter unbrauchbar geworden.[183]

Am 8. April 1945 verlegte die Fliegertechnische Schule 2 mit Oberst Kurt Hake nach Großenrode/Ostsee.[184]

Die Einnahme Müdens erfolgte am 12. April 1945. Drei Tage später brannten dort im Zuge der Kampfhandlungen 27 Gebäude, darunter auch das Feuerwehrhaus.[185]

Hugo Weisner berichtete aufgrund von Aussagen Beteiligter, dass am 13. April 1945 auf Befehl des Kommandanten des Fliegerhorstes eine größere Minensprengung in Schmarbeck durchgeführt worden sei (zwei Dutzend Luftminen), die an sämtlichen Gebäuden der Siedlung und des Horstes verheerende Gebäudeschäden verursacht habe. Der Horst sei mit Ausnahme einer kleinen Kampfgruppe geräumt und sich selbst überlassen worden. „Auf dem Horst selbst befanden sich nur noch ca. 500 Italiener und Russen, die von dieser kleinen Kampfgruppe nicht mehr in Schach gehalten werden konnten und sofort ihre Plünderung einsetzten."[186]

Beim Herannahen britischer und kanadischer Truppen sprengte der von Oberst a. D. Oskar von der Lühe angeführte Volkssturm bei Hankenbostel die 1934 errichtete Brücke – Faßbergs einzige Straßenverbindung war abgerissen. Ungarische SS-Männer lieferten sich Scharmützel mit britischen Spähtrupps.

Walter Kopsch verhinderte Totalzerstörung

Die Zerstörung wichtiger Infrastruktur durch die sich absetzende Luftwaffe konnte allerdings verhindert werden. Der Maschinenmeister des Fliegerhorstes Walter Kopsch schnitt zusammen mit mehreren anderen Männern die Kabel der Sprengladungen durch und machte sie so unbrauchbar. Deutsche Kommandos waren gehindert, die wertvollen technischen Anlagen des Horstes zu sprengen.[187]

Ulrich Saft schreibt: „Drei weitere Ungarn, die nördlich Faßberg (15. oder 16. April 1945) fielen, wurden in Munster beigesetzt."[188]

Die größten Schäden an den Hochbauten auf dem Fliegerhorst sowie in den Orten Faßberg, Schmarbeck und Hankenbostel verursachten die verheerenden Sprengungen der in dem Anflugbusch bei Hankenbostel ausgelagerten Luftminen am 13. April 1945. Ziegeldächer wurden abgedeckt, leichte Wände eingedrückt, Fenster und Türen, soweit sie – entgegen den Aufrufen – nicht geöffnet waren, herausgerissen. Die Einwohner waren sehr eifrig und holten sich, noch bevor die Engländer den Fliegerhorst einnahmen, Ziegel vom teilweise abgedeckten Kirchendach und Fensterscheiben sowie Dachziegel und sonstiges Baumaterial von beschädigten Gebäuden auf dem Fliegerhorst.[189]

Tote forderten die Kämpfe einer ungarischen Einheit gegen die anrückenden englischen Panzer am 15. April 1945 bei Bonstorf. Durch Fliegerangriff kamen am gleichen Tage die Unteroffiziere Anton Wiedemann und Kurt Flöder, Fliegertechnische Schule 2, ums Leben. Und die Verteidigung des Fliegerhorstes Faßberg am 16. April 1945 soll weitere Todesopfer gefordert haben, wie zwei im dichten Gehölz bei Schmarbeck-Grube untergetauchte Nachrichtenhelferinnen und ein in einem beim Postamt im Horst stehenden Sanitätswagen befindlicher verwundeter Soldat. Auf der sehr gepflegten Kriegsgräberstätte im vorderen Teil des Waldfriedhofs der Gemeinde Faßberg ruhen insgesamt 80 Tote des Zweiten Weltkrieges. Die meisten von ihnen sind deutsche Soldaten, einige deutsche zivile Bürger sowie 17 ungarische Soldaten, die bei Luftangriffen auf den Fliegerhorst Faßberg und während der Kämpfe um den Fliegerhorst am

15./16. April 1945 ums Leben kamen oder später an ihren Verwundungen gestorben sind.

Ein tiefgründiger Bericht über die schlimmen letzten Tage vor Faßbergs Stunde Null, die von einer großen Unübersichtlichkeit gekennzeichnet waren und bei denen die Wahrnehmungen jeweils unterschiedlich und mitunter auch widersprüchlich waren, wurde 30 Jahre später im „Knüppel" abgedruckt. Der Verfasser schildert eindringlich die Ereignisse zwischen dem 14. und 16. April 1945.[190]

„Durch die Besetzung großer Gebiete durch die alliierten Streitkräfte waren viele Flugleiter dieser verlorengegangenen Fliegerhorste bei uns in Halle 12 und warteten auf ihre Wiederverwendung. Zu dem vorhandenen Stammpersonal waren 2 Majore, 3 bis 4 Hauptleute und weitere 4 Oberfeldwebel hinzugekommen. Mit den Offizieren und Beamten der Wetterwarte, zu denen aus gleichem Grunde mehrere Oberregierungsräte gestoßen waren, mögen es wohl 20 Personen zusätzlich gewesen sein."

In dieser Zeit drangen Nachrichten über die Befreiung des Zwischenlagers Bergen-Belsen (15. April) bis nach Faßberg durch. August Bruns schrieb:[191]

Die ersten Nachrichten, die wir hörten, war die Befreiung der Insassen des KZ in Belsen. Die Schilderungen im Rundfunk waren für uns unglaubwürdig. Wir hielten sie für greuelbar, Kriegspropaganda unserer damaligen Feinde. Vierzehn Tage später habe ich Menschen aus dem Lager gesehen. Abgemagert bis aufs Skelett – wie konnten sich solche armen Kreaturen nur aufrecht halten? Mich macht die Erinnerung noch betroffen und tiefe Scham erfaßt mich – wie konnten nur Menschen Menschen so etwas antun?

Ankunft der Engländer am Nachmittag des 16. April

Erst am späten Nachmittag des 16. April 1945 erschienen vor dem Haupttor englische Truppen. Es waren die Truppen, die in den letzten Kriegswochen mit dem Royal-Air-Force-Geschwader 122. Wing von dort aus letzte Einsätze geflogen hatten. Die 160 Flugzeuge auf dem Platz, darunter auch sechs Messerschmidt Me 163 „Komet", waren von den deutschen Truppen vor dem Eintreffen der Alliierten zerstört worden.[192]

Der Oberpostsekretär Wilhelm Hünerberg stempelte noch an jenem Tag, dem Besatzungstag, eine Postkarte ab. Hugo Weisner schickte diese mit einem begleitenden Brief genau 25 Jahre später von Hannover aus zu August Bruns.[193]

Der letzte Fliegerhorstkommandant, Oberstleutnant Heinz Meletta, Anfang Februar 1945 eingetroffen und später in Hanstedt bei Hamburg wohnhaft, war gegen Mittag zum Gefechtsstand außerhalb Faßbergs aufgebrochen und bei Einbruch der Dunkelheit weiter in Richtung Hamburg abmarschiert, wo er mit den Männern des Gefechtsstandes am 22. April eingetroffen war. Alfred Stoy, damals Hauptmann und Regimentsadjutant, hatte bis zuletzt zusammen mit einem Oberleutnant die Stellung im Kommandanturgebäude gehalten, um die telefonische Verbindung zu den sich kurz hintereinander abmeldenden drei Bataillonen aufrechtzuerhalten, und den Platz beim Eintreffen englischer Panzer vor dem geschlossenen Wachtor in Richtung Trauen verlassen.[194]

Die letzten deutschen Flugzeuge, die auf dem Platz landeten, waren die berühmten „Faßberg Five" – fünf Me 262, die sich hier am 8. Mai 1945 den Briten ergaben. Zwei dieser Maschinen sind noch vorhanden, eine davon (gelbe 7) im RAF-Museum in Cosford, Großbritannien, die andere (schwarze X) beim Australian War Memorial.[195]

Die Lage in Trauen

Zur Lage im benachbarten Trauen: Professor Dr. Eugen Sänger hatte dort den Auftrag, eine Versuchsstelle für Raketentechnik zu entwerfen, und er arbeitete an der Entwicklung von Flüssigkeitstriebwerken von drei beziehungsweise hundert Tonnen Schub. Als an höherer Stelle entschieden wurde, diese Entwicklungen einzustellen, setzte er im September 1942 seine wissenschaftliche Tätigkeit bei der Deutschen Forschungsanstalt für Segelflug (DFS) in Ainring (Salzburg) fort. Rolf Ahlers schreibt: „Nach dem Wechsel von Prof. Sänger zur DFS in Ainring wurden in Trauen ab 1942 keine weiteren wesentlichen Untersuchungen durchgeführt. Der Nachfolger war zwar ein Parteimitglied der NSDAP, fachlich jedoch ungeeignet und beging Selbstmord bei der Einnahme von Faßberg durch die Amerikaner."[196]

In Faßberg herrschte Chaos. Kriegsgefangene, Internierte und polnische und italienische Fremdarbeiter plünderten im Horst und in der Siedlung. Große Mengen an Kriegsgerät lagen zerstört am Straßenrand.

Der Faßberger Klempnermeister Hugo Weisner verhandelte mit den englischen Soldaten und konnte erste Anzeichen von Panik unter der Bevölkerung im Keim ersticken. Er wurde daraufhin von der englischen Besatzungsmacht zum Bürgermeister bestimmt.

Die drohende Räumung des Ortes wurde abgewendet. Weisner reorganisierte das öffentliche Leben in Faßberg, das jetzt knapp 2400 Einwohner zählte. Der Bürgermeister stellte beim Landkreis Celle offiziell den Antrag auf Bildung einer „Gemeinde Faßberg". Die politische Zukunft des Ortes blieb jedoch ungewiss.

Der Fliegerhorst wurde nach Kriegsende weiterhin als Flugplatz verwendet. Die British Air Force of Occupation nutzte den Fliegerhorst, den die Alliierten zunächst als „Airfield B.152" bezeichneten.

Zunächst der Kampfkommandant und dann das Station-HQ der Royal Air Force und das A.C. Wing Detachment Faßberg forderten die Wiedereinstellung des Bedienungs- und Wartungspersonal der Fliegerhorstanlagen, die Handwerker für die kleinen Bauunterhaltungsarbeiten sowie Kraftfahrern, Flugzeug- und Kfz-Mechaniker. Wer bis Kriegsende kein Soldat oder aus der Kriegsgefangenschaft entlassen war, wurde über das Arbeitsamt als Zivilarbeitskraft eingestellt. Noch nicht aus der Gefangenschaft entlassene Männer fasste man in deutschen Dienstgruppe (Flughafenarbeitszug FAZ 64), später GCLO (German Civil Labour Organisation / Deutsche Zivile Arbeitsorganisation) zusammen und brachte sie in Baracken auf dem Flugplatz unter. Mit diesen Arbeitskräften führte die Royal Air Force, zunächst ohne eine deutsche Baudienststelle und ohne Baufirmen, die ersten Aufräumungs- und provisorischen Instandsetzungsarbeiten auf dem Fliegerhorst aus.[197]

Planierraupen im Einsatz

Da bereits Ende April 1945 das RAF-Jagdgeschwader Wing 122 mit Tempest-Maschinen nach Faßberg vorverlegt wurde, mussten die Planierraupen vordringlich das Rollfeld wieder einsatzbereit machen und die Bombentrichter zusammenschieben.[198]

Im Sommer 1945 lagen auf dem Fliegerhorst Faßberg zunächst Spitfire XVI des 145. Wing, das aus einer Staffel der Royal New Zealand Air Force (RNZAF) und drei Staffeln mit französischen Freiwilligen bestand. Letztere verlegten im Herbst 1945 nach Friedrichshafen in die Französische Besatzungszone. Im Jahr 1946 lag hier das 135. Wing mit drei Staffeln Tempest V/II und das 160. Wing mit zwei Staffeln belgischer Spitfire. Letztere lagen hier bereits seit dem Herbst 1945 und verlegten, nunmehr mit belgischen Kokarden versehen, Mitte Oktober 1946 auf ihre neue Basis Beauvechain.

Am 15. Juli 1945 gab Bauingenieur Adam Winkenbach seinen Tätigkeitsbericht über den Verkauf von Baracken und Einrichtungsgegenständen. Hugo Weisner: „Alles Verwertbare wurde verkauft, und die Einnahmen, zirka 250000 Reichsmark, auf Verwahrkonto verbucht. Zunächst waren damit auch die finanziellen Sorgen Faßbergs beseitigt. An dieser Stelle ist es meine Pflicht, zweier schon verstorbener Männer zu gedenken und zu danken, die in selbstloser, juristisch und kaufmännischer Korrektheit den Verkauf in meinem Auftrag durchführten: Bau-Ing. Adam Winkenbach und Bau-Ing. Ludwig Grabe. Die gesamten Unterlagen einschl. der Verträge sind in der Gutsbezirksverwaltung hinterlegt und haben bei einer späteren Prüfung durch die Aufsichtsbehörde glänzende Anerkennung gefunden. Da es sich bei diesen Geldmitteln um fremde Gelder handelte, mußten wir in der vorläufigen Verwendung für den Haushalt sehr vorsichtig sein. Um die mir aufgebürdete Verantwortung tragen zu können, habe ich einige Männer aus Faßberg gebeten, mir zur Seite zu stehen und so den ersten Gemeinderat ernannt. Mit diesen und den bewährten Angestellten des Gutsbezirks, Wilhelm Holste und Konrad Larisch, ist, allein auf uns gestellt, jedes Chaos abgewendet und sind alle Nöte und Schwierigkeiten gemeistert worden."[199]

In diese Zeit gehört die Geschichte von Fritz von Bruns. Der 1930 in Rohr in Hinterpommern geborene Junge hieß eigentlich Fritz Schmoldt, wurde aber als Findelkind von Elisabeth und August Bruns aufgenommen. Niemand wusste seinen Familiennamen, daher wurde dieses Wortgebilde geschaffen. Weihnachten 1945 erhielt Fritz ein Buch von Hermann Löns geschenkt mit folgender Widmung: „Für Fritz, weil er so tüchtig geholfen hat. Elisabeth u. August Bruns"[200]

Ein Beispiel für jemanden, der nach Kriegsende Arbeit auf dem Fliegerhorst gefunden hatte, war der Kesselwärter Günter Triebke. Im August 1945 kam er im Alter von 25 Jahren nach beendeter Kriegsgefangenschaft nach Faßberg und begann auf dem Fliegerhorst bei der Royal Air Force als Heizer, zeitweise auch als Rangierer, zu arbeiten. Er betreute in seiner 38-jährigen Dienstzeit die rund 50

Heizungs-Umform- und -Verteilerstationen und beherrschte die Kesselanlage des zentralen Heizwerkes mit einer Gesamtleistung von etwa 28 Megawatt.[201]

Von Herbst 1945 bis März 1957 gehörte die einheitliche Kleidung der Angehörigen der „Deutschen Dienstgruppen" von der GCLO und der GSO (German Service Organisation, Deutsche Dienstorganisation) zum Straßenbild Faßbergs. Anfangs waren es noch die Uniformen der Deutschen Wehrmacht, später die in zivilem Schnitt gehaltenen Golfjacken mit langer Hose. Seit Bestehen der GSO mussten die grünen Anzüge, bei denen ein englischer Uniformschnitt nicht zu verleugnen war, getragen werden.[202]

Die Dienstgruppen gestalteten das Leben Faßbergs mit. Der Bau der Rollbahn und der Startbahn des Fliegerhorstes waren Teile ihrer Aufgaben.

Durch die Stationierung von Besatzungstruppen wurde der Wohnraum knapp. Anfangs wurden die Engländer in zwangsgeräumten Häusern untergebracht (Rote Siedlung). Da das nicht ausreichte, wurden für Engländer neue Straßenzüge erstellt, wie beispielsweise die Trauener Straße und An der Koppel.[203] Für die Bevölkerungsteile, die ihre Häuser durch Zwangsräumung verloren hatten, wurden Häuser in Leichtbauweise am Erikaweg, am Forstweg, an der Poitzener Straße, Am Anger und Im Bruch erstellt.

Der frühere Kommandant der Kampffliegerschule Faßberg und spätere General der Flieger und Befehlshaber des Luftwaffenkommandos Südost, Martin Fiebig, wurde wegen der rücksichtslosen Bombardierung Belgrads durch die deutsche Luftwaffe am 6. April 1941 im Frühjahr 1946 aus britischer Gefangenschaft an Jugoslawien ausgeliefert und nach einem Kriegsverbrecherprozess am 24. Oktober 1947 in Belgrad gehenkt.[204]

Luftbrücke

In den Jahren 1948 und 1949 war der nunmehr als „RAF Fassberg" bezeichnete Platz eine wichtige Drehscheibe der Berliner Luftbrücke. Im Jahre 1948 ging vom Faßberger Fliegerhorst wieder reger Flugverkehr aus. Die Sowjetunion hatte Berlin zu Lande und Wasser blockiert, sodass für die Versorgung der ehemaligen Reichshauptstadt nur der Lufttransport blieb. Faßberg lag am dichtesten an Berlin, und von hier aus wurden bis zum Ende der „Luftbrücke" rund eine halbe Million Tonnen Kohle in die Stadt gebracht. Damals hatte Faßberg zeitweise über 12.000 Einwohner, allein die Flugzeugbesatzungen und das dazu gehörende Personal machten rund 4000 aus.

Der Flugplatz Faßberg spielt unter allen mit der Berliner Luftbrücke befassten Plätzen insofern eine Sonderrolle, weil von hier aus ausschließlich Kohle nach Berlin geflogen wurde.[205]

Auch Celle-Wietzenbruch und Wunstorf waren wichtige Umschlagpunkte der britischen Zone für die Luftbrücke in die eingeschlossene Stadt.

Die Sowjets sperrten am 23./24. Juni 1948 alle Land- und Wasserverbindungen nach Berlin. Für 2,2 Millionen West-Berliner in den drei westlichen Besatzungssektoren der ehemaligen deutschen Hauptstadt gingen die Lichter aus – weil die

Kraftwerke keine Kohlen mehr hatten. Das Großkraftwerk Zschornewitz wurde abgeschaltet. Krankenhäuser arbeiteten mit Notaggregaten. Industriebetriebe mussten kurzarbeiten oder die Arbeit einstellen. Zum fehlenden Strom kamen die fehlenden Lebensmittel. Die Lebensmittelvorräte reichten nur für 36 Tage, die Kohle für 45 Tage. Eine Stadt hungerte – bis dann die Amerikaner die Ärmel hochkrempelten und die Luftbrücke organisierten.[206]

General Lucius D. Clay (1897-1978), der amerikanische Militärgouverneur in Deutschland, bewies Entscheidungsfreude, als er sagte, dass er sich auch jetzt bei einem „der brutalsten Versuche der neuern Geschichte, eine Massenhungersnot als politisches Druckmittel zu benutzen", nicht beugen wollte. Er ordnete am 25. Juni 1948 an, alle verfügbaren Flugzeuge zur Versorgung der Berliner Bevölkerung und der alliierten Garnisonen einzusetzen. Die Luftbrücke war damit angeordnet.

Die Militärmaschinen, die nach wie vor, so auch am 25. Juni, Lebensmittel und andere Güter in die geteilte Stadt verfrachteten, waren allerdings noch nicht Teil der groß angelegten Aktion.

Der Fliegerhorst zu Beginn der Luftbrücke. Archiv Eike Bruns

120 Tonnen Versorgungsgüter täglich

Der Anfang war schwer. 120 Tonnen Versorgungsgüter gelangten zunächst täglich auf dem Luftweg in die blockierte Stadt – 12.000 Tonnen waren notwendig zum Überleben. Die Amerikaner holten sich Hunderte von alten Bomberflugzeugen aus Amerika zurück und bauten sie um. Dazu die längst ausgemusterten und nach dem Krieg wieder ins Zivilleben zurückgekehrten Piloten. Ein zusätzlicher Flughafen wurde in nur drei Monaten in Berlin-Tegel angelegt.

Was dann in den 15 Monaten nach Clays nicht selbstverständlicher und auch nicht überall geteilter Entscheidungsfreude lief, gilt heute noch als ein Ereignis ohne Parallele in der Geschichte des Lufttransports.

Die Amerikaner starteten am 26. Juni 1948 von Wiesbaden und Frankfurt am Main aus; ihre Luftbrücke erhielt den Namen „Operation Vittles". Dass sie ab 20. Juli 1948 auch in Faßberg starteten, ist als ein Sonderfall anzusehen, da der Ort in der englischen Besatzungszone lag. Tags zuvor hatte die Royal Air Force alle DC-3 (Skytrain) von Wunstorf nach Faßberg verlegt.

Die britischen Streitkräfte starteten am 28. Juni 1948 ihre Luftbrücke unter dem Namen „Knicker". Da dieser Name mit einer britischen Umzugsfirma gleich lautend war und Journalisten nicht angedeutet werden sollte, die Briten würden ihren Abzug vorbereiten, benannte man die Operation kurzerhand in „Plainfair" um.

Günter Pälchen, 1927 in Züllichau geboren und heute in Hameln wohnhaft, war vom 24. November 1948 bis 15. Februar 1953 bei der 441 GCLO, Labour Group in Trauen beschäftigt. Seine Fotos und Dokumente hat er dem Archiv der TSLw 3 überlassen. Sein besonderes Interesse fanden vor allem 1948/49 die bei der Luftbrücke eingesetzten amerikanischen Flugzeuge auf dem Fliegerhorst. Foto: Günter Pälchen/Repro: TSLw 3

Nach den Aufzeichnungen des 5252 AC Wing Detachment der Royal Air Force wurden zwischen dem 25. Juni 1948 und dem 30. September 1949 insgesamt 539.112 Tonnen Kohle nach Berlin geflogen. Das entspricht 36.000 Waggons (etwa 1000 Züge) beziehungsweise 53.911 Flügen. Die größte Tagesleistung in 24 Stunden wurde am 28. Januar 1949 mit 4500 Tonnen erzielt (450 Flüge von 60 Skymaster mit 900 Starts oder Landungen in Faßberg auf der Betonstartbahn beziehungsweise auf der Behelfslandebahn für perforierte Stahlplatten [PSP, Perforated Steel Plates]).

Nach denselben Aufzeichnungen gab es in diesem Umfang Bahntransporte:

Kohle	36000	Waggons
PSP-Platten	680	Waggons
Schlacke für Skymaster-Line	4085	Waggons
Zement- und Betonzuschlagstoffe	5750	Waggons
Teer und Bitumen	2445	Waggons
Sonstige Baustoffe	200	Waggons
	1080	Waggons
	50240	Waggons

Hinzu kommen Kesselwagen mit Kfz- und Flugbetriebsstoffen, Kohle für die Fliegerhorstheizungen, Verpflegung und sonstige Transportgüter mit geschätzt 12.000 Waggons bei 150 Güterwagen im Tagesdurchschnitt.

Außerdem fuhren täglich für das fliegende Personal der USAF D-Züge nach Frankfurt und Bremen und für einheimisches Zivilpersonal Personenzüge nach Celle und Soltau.[207]

1398 Flugzeuge in 24 Stunden

In den 24 Stunden zwischen dem Mittag des 15. April und dem Mittag des 16. April 1949 flogen 1398 amerikanische und englische Flugzeuge 12.940 Tonnen Nahrungsmittel, Kohle, Maschinen und andere Gebrauchsgüter nach West-Berlin (das entspricht der Menge von 22 Güterzügen zu je 50 Waggons). Sie landeten in Minutenabständen auf den Flugplätzen Tempelhof, Gatow, Tegel und mit Wasserflugzeugen auf der Havel.

Die Mühle ist fertig

„Die Mühle ist fertig." Aus dem Fotoalbum von Rolf Liedtke. Digitales Archiv TSLw 3

Generalfeldmarschall a. D. Albert Kesselring (1885-1960), der kurz vor Kriegsende noch zum Oberbefehlshaber West, Oberbefehlshaber Südwest und Oberbefehlshaber Südost ernannt worden war, verlor einige Worte über die bauliche Qualität der Kommandozentrale General Clays:[208]

(...) Ich füge hinzu, daß weder Hitler noch Göring irgendwelchen Einfluß auf die Gestaltung der Bauarbeiten genommen haben; nur bei der Innenausstattung des „Deutschen Aeroklubs" im alten preußischen Landtag hat sich Göring richtunggebend eingeschaltet. Auch in dieser Beziehung haben die Alliierten die Gegebenheiten für sich ausgenützt. General Clay wird gewußt haben, weshalb er mit seinem Stab das Luftgaukommando Berlin-Dahlem, die Russen und die ostzonale Regierung, weshalb sie das frühere Luftfahrtministerium sowie die Bauten von Adlershof in Anspruch genommen haben.

Mit Beginn der Luftbrücke war es mit der Ruhe in Faßberg vorbei. Obwohl der Ort in keinem Kursbuch und auf keiner Straßenkarte zu finden war, strömten von allen Seiten leichte Mädchen (Veronikas) herbei, die gehört hatten, dass hier einsame Amerikaner, die Dollars, Zigaretten, Schokolade und so weiter hatten, betreuungsbedürftig seien. Obgleich das Geld nach der Währungsreform von 1948 sehr knapp war, zahlten die Damen 200 D-Mark und mehr für ein ganz einfaches Zimmer.[209]

Aber auch andere wollten an der Luftbrücke verdienen. Neben „August im Busch" entstanden weitere Gasthausbaracken: „Regina Bar" und „Café Rheingold" am Heideweg, „Sandkrug" und „Bierstüble" an der Großen Horststraße, „Carolina Bar" vor dem Bahnübergang in Müden, die „Rote Laterne" zwischen Bahnhof und Lager Trauen sowie die „Reblaus" am Jägerweg.[210]

Kameradschaft in der Nissenhütte, 1949. Rolf Liedtke, der heute in Fuhrberg lebt und das Foto in seinem Fotoalbum gefunden hat, hatte seine Arbeit am 14. Oktober 1948 als Luftmotorenschlosser in Faßberg begonnen. Im Zweiten Weltkrieg hatte er Flugzeugbauer bei der deutschen Luftwaffe gelernt. Rolf Liedtke erinnert sich, dass damals in drei Schichten gearbeitet worden sei. Zwischendurch sei ein Kantinenwagen mit Donuts und Coca-Cola in die Halle gekommen. Und es habe jede Menge Kaffee gegeben. Die Donuts seien lecker gewesen, erinnert er sich. Nicht so gerne erinnert er sich an das englische Frühstück: Haferflocken in Wasser gekocht, pappiges Weißbrot und Milch. „Wir waren praktisch bei den Engländern angestellt", so Liedtke weiter. Während der Berliner Luftbrücke sei das gewesen. Er habe zum Team „German-Service-Organisation" (GSO) gehört. Als Dienstkleidung habe man in braun gefärbte englische Uniformen getragen, so Liedtke. Nach der Luftbrücke hat er 1949 Faßberg wieder verlassen müssen. Er ist dann zunächst nach seiner Heimatstadt Hannover zurückgekehrt. Foto: Liedtke/Repro: TSLw 3

Camp für rund 5000 GCLO-Männer

Zur Zeit der Berlin-Blockade wurde im Lager Trauen ein Nissenhütten-Camp für rund 5000 GCLO-Männer errichtet. Diese Männer wurden während der Luftbrücke beim Verladen von Kohle in Flugzeuge für Berlin eingesetzt. Amerikanische Militärbehörden beauftragten auch eine deutsche GCLO-Einheit mit der Wartung und Instandhaltung ihrer Flugzeuge – für die damalige Zeit ein großer Vertrauensbeweis gegenüber Deutschen.[211]

462 Tage existierte die Luftbrücke. Über sie kamen in 277.264 Flügen insgesamt 1.736.781 Tonnen Versorgungsgüter in die blockierte westliche Hälfte der Stadt. Die Kosten der Flüge wurden von den westlichen Alliierten getragen. Allein die amerikanische Luftwaffe zahlte insgesamt 252 Millionen Dollar für Treibstoff, Öl, Sold, Verpflegung, Kleidung und Reparaturen. 36 US-Flugzeuge stürzten ab oder wurden bei der Landung zerstört.[212]

Der erste tödliche Unfall der Luftbrücke bei Wiesbaden am 8. Juli 1948 forderte den Tod zweier Piloten und eines Zivilbeschäftigten der Armee: 1st Lt. George B. Smith aus Tuscaloosa, Alabama, 1st Lt. Leand V. Williams aus Abilene, Texas, Mr. Karl v. Hagen aus New York City. Am 5. Dezember 1948 stürzte eine C-54 nach dem Start in Faßberg ab. Die drei Todesopfer waren Capt. Billy L. Phelps aus Long Beach, California, 1st Lt. Willis F. Hargis aus Nacogdoches, Texas, und TSgt. Lloyd G. Wells aus San Antonio, Texas.[213]

Während der Luftbrücke verloren 40 Briten, 31 Amerikaner und fünf Deutsche durch Unglücksfälle ihr Leben.[214]

Die letzte Tonne Kohle startet. „Kohlegesellschaft zu verkaufen".
Foto: Gerhard Noack, Celle/Digitales Archiv TSLw 3

Am 12. Mai 1949 endete die Blockade – die Sowjets gaben auf, weil es ihnen nicht gelungen war, die Westalliierten auf diese Weise aus Berlin zu vertreiben.

Die Versorgungsflüge wurden fortgesetzt, weil der Verkehrsfluss auf Schienen, Straßen und Wasserwegen nach Berlin erst wieder in Gang kommen musste.

Am 27. August 1949 startete in Faßberg das letzte Flugzeug mit Ziel Berlin. Am 30. September landete im Rahmen der Luftbrücke die letzte Maschine überhaupt auf dem Flughafen Berlin-Tempelhof mit zehn Tonnen Kohle an Bord, Kohle, die den West-Berlinern die Freiheit erhielt. Am 6. Oktober 1949 wurde die Luftbrücke eingestellt.

Appell Hugo Weisners, zur Wahl zu gehen

Ein kleiner Schritt zurück. Am 28. November 1948 fand die Gemeinde- und Kreistagswahl statt. In Faßberg stand die Wahlurne in der Turnhalle der so genannten Gemeindeschule Faßberg. Hugo Weisner nutzte die erste Ausgabe der „Faßberger Nachrichten – Empfehlungsblatt der Faßberger Gewerbebetriebe" vom 28. November 1948, um die Bürger Faßbergs zum Gang zur Wahlurne zu motivieren. Wahlrecht sei, so Weisner, „eine Pflicht, der sich niemand entziehen darf". „In Faßberg schon gar nicht, da bei der komplizierten Zusammensetzung unserer Bevölkerung die politisch aktiven Kandidaten immer im Vorteil sind. Bei dem jetzt angewandten Wahlsystem ist der Vorteil der politischen Kandidaten besonders herausgestellt." Hugo Weisner kandidierte selbst erneut: „Der Stimmzettel enthält durchweg bekannte Namen und dürfte es Ihnen leicht fallen zu wählen. Gestützt auf das langjährige Vertrauen der Bevölkerung habe ich mich wieder und zwar als unabhängiger (d. h. parteiloser) Kandidat zur Wahl gestellt."[215]

In der konstituierenden Sitzung vom 14. Dezember wählte der neue Gemeinderat Hugo Weisner zum Bürgermeister. Dies allerdings erst im zweiten Anlauf.[216]

Am 8. Februar 1949 erstattete Gutsvorsteher Hugo Weisner dem Oberfinanzpräsidenten in Hannover, einen dreiseitigen Lagebericht des Gutsbezirks Faßberg.[217] An Personenstandsbewegung im Januar 1949 verzeichnet der Bericht etwa 2500 Einwohner, etwa 5000 GCLO-Einheiten, etwa 4000 Mann Besatzung und etwa 800 auswärtige Arbeiter, zusammen 12300. Zur Schule Faßberg, die als reichseigener Besitz bezeichnet wurde, gehörten vier Klassen und eine Turnhalle. Zwei weitere Klassen waren im Keller provisorisch eingerichtet. Beschult wurden im Moment etwa 550 Kinder.

Weisner drängte auf Freigabe eines neuen Bebauungsplanes für Faßberg: „Unser Faßberger Reichs- und Siedlungsgelände ist Reichsbesitz und bedarf der Freigabe durch die Militärregierung. In der Anlage lege ich Ihnen nochmal den Bebauungsplan Faßberg vor, mit der dringlichen Bitte, die Freigabe zu erwirken und so einen seit Jahren unhaltbaren Zustand (kommunalpolitisch gesehen) zu beseitigen." Über die Gutsbezirkskasse führte er aus: „Seit 1945 ist die Kasse zusätzlich mit der Auszahlung der Löhne und Gehälter für den Arbeitseinsatz des Horstes beschäftigt. Seit September 1948 erreicht diese Auszahlung die Höhe von 1300000 Mark monatlich. Hierzu war erforderlich, einen weiteren Angestellten aushilfsweise einzustellen." Und zur „Feuerlösch-Einrichtung": „Vom Innenminister ist die Einrichtung einer Feuerlösch-Einrichtung für Faßberg angeordnet. Hierzu wurde ein Feuerlöschwagen leihweise von der Feuerwehrschule Celle gegen Leihgebühr zur Verfügung gestellt und die provisorische Unterbringung in Faßberg ermöglicht."

Die Amerikaner zogen noch 1949 ihre Maschinen und ihr Personal zurück. Die für die Luftbrücke erstellten baulichen Anlagen blieben für alle Fälle erhalten. Kritisch wurde es durch den Abzug, da Tausende von Menschen von den Amerikanern beschäftigt worden waren. Viele von ihnen wurden arbeitslos; denn der Dienstbetrieb erforderte bei weitem nicht so viele Kräfte.

Aber auch diese Krise wurde mit der den Faßbergern nachgerühmten Zähigkeit gemeistert. Zwei Jugendheime entstanden, der Kindergarten wurde wiedergegründet. Ein Kino etablierte sich im Ort. Zahlreiche Vereine ermunterten zu geselligem Leben. Großveranstaltungen von Luftsportlern, den Fußballern, den Sängern und anderen Organisationen brachten viele Menschen nach hier. Faßberg erhielt von ihnen das Prädikat „Gastlichster Ort des Kreises".[218]

1950: Günter Pälchen, 400 Meter zum Hauptquartier der 441 GCLO, Labour Group. Pälchens Tariflohn: 230,- D-Mark je Monat, seine Arbeitszeit laut Arbeitsbescheinigung: 48 Stunden wöchentlich. Foto (auch das Foto hierunter): Günter Pälchen/Repro: TSLw 3

Weihnachtsfeier des Teams „German-Service-Organisation" (GSO) im Jahre 1952.

Nach dem Ende der Luftbrücke wurde der Fliegerhorst wieder Stationierungsort von Jagdbombern, unter anderem der Typen Vampire und ab Mai 1953 deren Nachfolger Venom des 121. Wing. Die letzten überhaupt mit Kolbenmotoren ausgerüsteten Flugzeuge der 2. Tactical Air Force der RAF, zwei Staffeln Mosquitos, hatten Faßberg bereits im Februar 1951 verlassen.

Frische Grün- und Blumenanlagen mit einem netten Springbrunnen schmückten bereits die Straßen Faßbergs, als sich am 9. August 1954 viele ehemalige und noch ansässige Faßberger zur 20-Jahr-Feier zusammenfanden. Es gab ein frohes Wiedersehen zwischen alten Bekannten, und die Parole „Selbst wenn die Unter-tassen fliegen, dies Faßberg ist nicht kleinzukriegen", unter der die Veranstal-tung stand, war ein gern bestätigtes Selbstbekenntnis.[219]

Gründung der Bundeswehr

Als am 5. Mai 1955 die Pariser Verträge in Kraft traten und für die Bundesre-publik die Ära der Besatzungszeit endete, wurde der Aufbau der Bundeswehr zur Verpflichtung. Die Gründung der Bundeswehr und die „Wiederbewaffnung" der Bundesrepublik führten zu erheblichen innenpolitischen Auseinandersetzun-gen, vor allem zwischen SPD und CDU über die Frage, ob es moralisch zu ver-antworten sei, dass Deutschland nach der Hitler-Diktatur jemals wieder über Streitkräfte verfügen sollte. Am 7. Juni 1955 wurde die Wehrverwaltung ge-gründet, am 12. November 1955 die ersten 101 Freiwilligen vereidigt. Letzteres Datum gilt als Gründungstag der Bundeswehr.[220]

Die Hauptwache zur Zeit der dort stationierten Royal Air Force, 1955.
Digitales Archiv TSLw 3

Ende August 1956 erschien Regierungsamtmann Wilhelm Röhken im Auftrag des Präsidenten der Wehrbereichsverwaltung II in Faßberg, um die örtliche Verwaltungsstelle einzurichten.

Nach einer Organisationsverfügung der Wehrbereichsverwaltung II[221] war ab 1. September 1956 auf dem Flugplatz Faßberg unter der Bezeichnung „Der Bun-desminister für Verteidigung / Verwaltungsstelle Faßberg / (Standortverwaltung Faßberg)" eine Verwaltungsstelle einzurichten.

Es fehlte an Personal und Material, der Fliegerhorst befand sich zu diesem Zeit-punkt noch in der Hand der Royal Air Force. Die Engländer räumten zunächst die Blöcke 1 bis 8 und unterstützten die junge Bundeswehrverwaltung großzügig mit Transportraum und Personal.

Gründungsstätte der Offizierschule der Luftwaffe

Theodor Gerling, einer der „Männer der ersten Stunde", erinnerte sich:[222]

Bis Ende Oktober 1956 mussten für 500 Soldaten der Offizierschule der Luftwaffe Unterkünfte bereitgestellt werden. Laufend wurde durch Bahntransporte Möblierungsgerät herangeführt. Für die Möblierung der Unterkünfte und die Ausstattung der Küche wurden aus dem Kreis der Beschäftigten auch samstags und sonntags freiwillige Helfer gesucht. Die erste größere Aufgabe der jungen Verwaltung, nämlich die Truppe mit Unterkünften, Mobiliar und so weiter zu versorgen, wurde mit Bravour gelöst. Pünktlich zum festgesetzten Termin konnten die Unterkünfte von den Soldaten der Offizierschule bezogen werden.

Der Marktweg von der Schule aus gesehen, 1955. Archiv Eike Bruns

Parallel trafen am 20. September 1956 um 8 Uhr morgens 16 Unteroffiziere und Mannschaften als Vorkommando der Stützpunktstaffel, von den Luftwaffen-Lehrgängen B, C und D aus Uetersen kommend, auf dem Fliegerhorst Faßberg ein. Sie wurden in Block 7 untergebracht. Major Dieter Spreen war der Führer des Kommandos. „An Büromaterialien war nichts vorhanden", lautet eine Anmerkung in der Chronik der TSLw 3. „Der erste Horstbefehl wurde auf einer geliehenen Schreibmaschine am Sonntag, dem 23. 9. 1956 geschrieben, da wochentags keine Leihschreibmaschine zur Verfügung stand." Erst Ende September 1956 erfolgte der Anschluss an das Fernsprechnetz.

Am 30. September 1956 stattete der Chef des Stabes der Abteilung VI Luftwaffe, Brigadegeneral Werner Panitzki (1911-2000), dem Fliegerhorst einen Besuch ab. Er überzeugte sich nach einer Inspektion von den Aufbauschwierigkeiten. Am 6. Oktober 1956 trafen zur Ergänzung der Stützpunktstaffel aus Husum und Uetersen 36 Mannschaften ein.

Walter Meinhardt, offiziell zwar seit dem 19. September 1956 für die Standortverwaltung Faßberg in der Personalstelle tätig, als Beschäftigter der Royal Air

Force aber bereits seit dem 1. September 1956 für die Bundeswehrverwaltung freigestellt, wusste zu berichten:[223]

Die Bundeswehr war im Standort Faßberg in den Jahren 1956 und 1957 auf die Beschäftigten der Royal Air Force, die im Wesentlichen als Handwerker, in der Heizung, bei der Feuerwehr, als Wächter und in den Küchen eingesetzt waren, angewiesen. Die Royal Air Force hatte diesem Personenkreis zum 31.12.1956 beziehungsweise 31.3.1957 gekündigt. Bei den Beschäftigten der Royal Air Force kam Ungewissheit darüber auf, ob man den bisherigen Arbeitsplatz behalten beziehungsweise ob man bei der Bundeswehr wieder in seinem erlernten Beruf arbeiten konnte.

Die Übergabe der Unterkünfte und Anlagen des Fliegerhorstes von den Engländern an die Bundeswehr wurde sukzessive vollzogen. Bei der Übergabe des Fliegerhorstes durch die Royal Air Force an die deutsche Luftwaffe am 8. Dezember 1956 lagen noch etwa 400 englische Soldaten auf dem Platz.

Die Lok auf dem Fliegerhorst fuhr noch nach 1956. Der Lokführer hieß Anton Gruda.
Archiv Eike Bruns

Auf der von Wing Commander F. E. Burton, OBE, DFC, RAF, Oberst Hoffmann und Regierungsamtmann Röhken unterzeichneten Urkunde zur Übergabe des Fliegerhorstes wurde am Schluss festgehalten, „daß die Diesellokomotive, die gegenwärtig von der RAF. unterhalten wird und für diese auf allgemeiner Benutzerbasis fährt, bis zu jenem Zeitpunkt weiter fährt, bis eine Ersatzlokomotive zur Verfügung steht, die von der deutschen Luftwaffe angefordert wurde".

In der „Celleschen Zeitung" wurde am 10. Dezember 1956 über die feierliche Übergabe der Liegenschaft berichtet: „Zwei Kompanien der deutschen Luftwaffe und eine Kompanie der Royal Air Force waren im Karree angetreten, als die Übergabe erfolgte. Nach der Meldung eines britischen Offiziers, auf dessen Kommando die britischen und deutschen Einheiten präsentierten, schritten der verantwortliche britische General für den norddeutschen Raum, Luft-Vize-Marschall Ubee, und der Kommandeur der Luftwaffenschulen der Bundeswehr,

Generalmajor Huth, die Front ab." Danach wurde die englische Flagge eingeholt und an ihre Stelle die Flagge der Bundesrepublik Deutschland gesetzt.

Wenige Tage darauf traf das Vorkommando der Technischen Schule der Luftwaffe 3 (TSLw 3) mit der Eisenbahn von Lager-Lechfeld in Faßberg ein und betrat auf der Verladerampe im Fliegerhorst zum ersten Mal Faßberger Boden.

Vorgeschichte der Technischen Schule der Luftwaffe 3

Die Geschichte dieser Schule hatte soeben begonnen, und zwar 1956 in Bayern. Mit Luftwaffenaufstellungsbefehl Nr. 16, erteilt vom Bundesminister für Verteidigung, Abt. VI (Luftwaffe), in Bad Godesberg am 26. Mai 1956, wurde die Technische Schule L im Fliegerhorst Lechfeld mit den Ausbildungsgruppen A und B aufgestellt, um fliegertechnisches und Fernmeldepersonal auszubilden.[224]

Die in Faßberg eingetroffenen Soldaten fanden auf dem intakten Fliegerhorst zwar Hallen, Unterkünfte und alle sonstigen Anlagen vor, aber Einrichtungen, die das Wesen einer Schule ausmachten, waren nicht vorhanden. Zur Einrichtung und Ausstattung des Fliegerhorstes wurde vom Verteidigungsministerium zwar eine größere Geldsumme bereitgestellt, diese reichte aber bei weitem nicht aus, um den Erfordernissen einer für Ausbildungszwecke ausreichend ausgestatteten Schule zu entsprechen.

Das „Bierstüble" von Rudi Behra, hier auf einem Foto von 1956, wurde 1949 eröffnet, später abgerissen, neu aufgebaut und 1981 in „Alt Berlin" umbenannt. Archiv Eike Bruns

Die Soldaten konnten vom neuen Standort auch nicht beliebig Besitz ergreifen; denn zu Beginn teilte sich die Schule die Einrichtungen des Fliegerhorstes mit der Luftwaffe, der bereits aufgestellten Fliegerhorstgruppe und einem Bataillon des Luftwaffenausbildungsregimentes 2.

Nach der Umgliederung und dem Standortwechsel konstituierten sich in den Anfangsmonaten neben dem Stab der TSLw 3 drei Ausbildungsstaffeln und vier Schülerstaffeln. Eine STAN (Nachweis für Stärke und Ausrüstung) war zu der Zeit zwar geplant, aber noch nicht vorhanden. Die Personalstärke betrug Ende Dezember 1956 31 Offiziere, 157 Unteroffiziere und 12 Mannschaften.

Damals wurde in Faßberg auch die Standortverwaltung aufgestellt.

Als erster Kommandeur führte Oberst Dipl.-Ing. Wilhelm Antrup (1910-1984) die Schule, der nach Eintritt in die Bundeswehr 1955 zunächst Leiter einer Annahmestelle und anschließend für kurze Zeit Kommandeur der Technischen Schule in Kaufbeuren gewesen war.[225]

Oberstabsfeldwebel a.D. Hans Jürgen Lang in Faßberg, dessen Vater, Hans Lang, 1957/58 Hauptfeldwebel und Offizier vom Schuldienst gewesen war, erinnert sich, dass seinerzeit noch viele Heizmeister mit ihren Familien bei den Heizkraftwerken gelebt haben. Oberst Antrup habe die Soldatenkinder bereitwillig auf sein Dienstzimmer eingeladen. Die Kinder haben, so Lang weiter, auch am Unterricht der Soldaten teilnehmen dürfen, sie seien immer herzlich willkommen gewesen. Gespielt habe man auf der Koppel, aber auch auf der Landebahn, von der sie im Falle eines Anflugs aber wegmanövriert worden seien.

Die Schützengilde Faßberg wurde am 2. August 1951 in der „Regina-Bar" offiziell gegründet. Fahrlehrer Paul Rauh wurde Vorsitzender der ersten Stunde. Das Foto zeigt einen der ersten Schützenausmärsche im Ort (Bereich des heutigen Hol-ab-Marktes). Archiv Eike Bruns

Die Soldaten der neuen deutschen Luftwaffe trafen auf eine freundliche Bevölkerung. „Die Soldaten in Uniform sind schnell zur Normalität im Ortsbild geworden", erinnerte sich der frühere Presseoffizier und Flugzeugführer Oberstleutnant a. D. Siegfried Höhne in einem Gespräch mit der „Celleschen Zeitung".[226]

Weggang der letzten Engländer

Am 29. März 1957 verließen die letzten Engländer den Standort. Ende des Jahres war man bereits bei einem Personalstand von 251 Arbeitnehmern – einschließlich Truppenbereich – angelangt.

In der „Rotenburger Kreiszeitung" verlautete: „Obgleich das Tempo des Ausbaues der Einheiten der Offiziere noch immer dazu zwingt, ungewohnte Improvisationstalente zu entwickeln, halten sie den Fliegerhorst Faßberg ... im Hinblick auf seine herrliche landschaftliche Lage, das große Hallenschwimmbad, das halbe Dutzend Tennisplätze und das eigene modern eingerichtete Kino für die ideale ‚Kinderstube' der deutschen Luftwaffe."[227]

Damals wurde die Startbahn auf drei Kilometer Länge erweitert. Der Neue Landes-Dienst Hannover schrieb: „Die Startbahn, die erst nach dem Kriege betoniert wurde, wird demnächst den NATO-Bedingungen angepasst und von 2200 auf 3000 m Länge erweitert. Die alte Luftwaffe hatte nur eine Grasnarbe mit einem Millionen-Rm-Aufwand hergestellt. Humusboden wurde von weit her mit der Bahn antransportiert."[228]

Die letzten Engländer verlassen Faßberg, 29. März 1957. Digitales Archiv TSLw 3

Für die Flugzeugbaumuster F-86 – „Sabre MK V und VI" wurde das für die TSLw 3 bestimmte technische Personal bei der Royal Canadian Air Force in Zweibrücken ausgebildet und verlegte anschließend zur Aufnahme der Ausbildung nach Faßberg.

Peter Becker, Heidelberg, dessen Vater bei der TSLw 3 arbeitete, traf mit seinen Eltern und seinem Bruder am 5. August 1957 in Faßberg ein. Die Familie bezog eine Wohnung am Schwarzen Weg. Seine Erinnerung: „Für mich war Faßberg die wichtigste Entwicklungs- und Sozialisationszeit meines pubertären Teenageralters, erstes Bier und erste Zigarette in Kantine 55, erster Kuss im Märchenwald, erstes selbst verdientes Geld durch Jobs am Bau, erstes Moped auf der Horststraße, erste Tanznachmittage in der ‚Post', wir im Anzug, die Mädchen mit Petticoat. Auch der sonntägliche Kirchgang und die weihnachtlichen Mitternachtsmetten in der Kapelle im Fliegerhorst gehören dazu, wie der Schulabschluss in Hermannsburg – prägende Meilensteine meines Lebens."[229]

Die Stimmung war gut. Die Fliegerhorstgruppe Faßberg gab zur Weihnachtsfeier des Stabes am 17. Dezember 1957 einen achtseitigen Schreibmaschinenumdruck heraus, in dem manches Heiteres und nicht immer ganz ernst zu Nehmendes zum Besten gegeben wurde. Und einleitend gab es gleich auf fünf Seiten in Reimform „Was wir zu berichten haben ..." Ein Auszug:[230]

Ist das Schicksal dir gewogen,
bist du richtig eingebogen,
findest du inmitten Wald
unsre 27 bald.

Kommst du an die Tür heran,
schon ruft es nach Federmann,
Hauptmann Frodl, Hauptmann Stern,
viele Namen, viele Herrn.
Stimmen schwirren, Füße trappeln,
Türen schlagen, Frauen pappeln,
Pfeifen tuts auch irgendwo,
obendrein ein Radio.

1958 verlegte die Offizierschule nach Neubiberg. Die Flugzeugführerschule mit der 3. und 4. Gruppe, die Hubschrauberführer ausbildete, kam von Memmingen nach Faßberg.

Inspekteur der Luftwaffe Generalleutnant Josef Kammhuber (1896-1986, links) zu Gast auf dem Fliegerhorst. Digitales Archiv TSLw 3

Lang ist's her: Norbert Schuckart (links) mit Geschwistern in der Ortsmitte.
Foto: Eduard Schuckart/Archiv Eike Bruns

Vorkommnis mit Todesfolge

Ein schlimmer Zwischenfall ereignete sich im Kasernenbereich am 2. April 1958 um 22.50 Uhr. Nach den Eintragungen in der Militärchronik 1956-1966 stellte sich der Sachverhalt wie folgt dar: In stark angetrunkenem Zustand bestieg der Gefreite B. von der TSLw 3 ohne Genehmigung das einem Kameraden gehörende Motorrad und befuhr damit die Rollfeldstraße in Richtung Trauener Wache. Der Posten, Flieger R. von der Bodendienststaffel, versuchte durch rotes Blinklicht und Halterufe B. zum Halten zu bringen, um befehlsgemäß den Ausweis zu kontrollieren. B. fuhr am Posten vorbei. Nach etwa zehn Minuten kam B. zurückgefahren und missachtete wiederum sämtliche Haltezeichen des in der Straßenmitte stehenden Postens. Nach einem Warnschuss wurde B. durch einen zweiten Schuss getroffen, er fuhr noch etwa 500 bis 600 Meter weiter und ist dann vermutlich infolge des eintretenden Blutverlustes und der eintretenden Bewusstlosigkeit in einem Waldstück rechts neben der Rollfeldstraße in Höhe der Sporthalle gestürzt. Gegen 23 Uhr wurde er vom Hallenwart Maerz gefunden. Nach Alarmierung der Sanitätsstaffel wurde B. zur Waldklinik in Oerrel gebracht, wo er gegen 23.50 Uhr starb. Nach anderthalb Stunden waren Kriminalpolizei und Staatsanwalt zur Stelle und nahmen den Unfall auf. Nachdem die Leiche am 4. April vom Staatsanwalt freigegeben wurde, erfolgte am 5. April die Überführung in seinen Heimatort.

Hermann Kugel, der kurz nach diesem Vorfall 1958 auf dem Fliegerhorst als Soldat eingezogen wurde – er hatte vorher bei der ortsansässigen Firma Weisner, sanitäre Anlagen und Zentralheizungsbau, gearbeitet und im Rahmen der Luftbrücke ein gewaltiges Arbeitsaufkommen auf dem Fliegerhorst erlebt –, hatte davon gehört. Der 87-Jährige erinnert sich, dass B. Lehrgangsteilnehmer gewesen und der tödliche Schuss nicht direkt auf ihn abgeben worden sei, sondern ihn als Querschläger getroffen habe.

Im Jahre 1958 wurde das erste Unteroffizierlehrkommando eingerichtet.

Hilfe bei den Waldbränden 1959

Eine erste Bewährungsprobe für die Truppenteile auf dem Fliegerhorst Faßberg gab es im Juni 1959. Damals ereignete sich eine große Waldbrandkatastrophe, die die Bereiche um Hustedt, Scheuen und Hornshof in Mitleidenschaft zog. Neben vielen anderen Bundeswehreinheiten unterstützten die Faßberger Soldaten die Feuerwehren und anderen zivilen Hilfskräfte. Im gleichen Jahr wurde die Lehrlingswerkstatt eingerichtet, die Ausbildung der Stabs- und Oberstabsfeldwebel begann und die Lehrgänge für die Sprachausbildung in Englisch wurden eingerichtet.

Nach getaner Arbeit ... Archiv Eike Bruns

Im Jahre 1960 wurde auf dem Fliegerhorst Faßberg die Ausbildungswerkstatt Technische Schule der Luftwaffe 3, eine zivile Einrichtung, ins Leben gerufen. Nachdem die im Dezember 1959 begonnenen Vorbereitungen abgeschlossen waren, begann am 1. April 1960 die Berufsausbildung von zwei Technischen Zeichnern, sechs Metallflugzeugbauern und drei Kfz-Mechanikern unter der Leitung von Technischem Amtsinspektor Alois Schröder, der bis zum Jahre 1980 Ausbildungsleiter blieb.[231]

Die Ausbildung des fliegertechnischen Personals für das leichte Kampfflugzeug Fiat G-91 begann im Jahre 1960.

Mit dem Siedlungsabschnitt „Schlichternheide" und „Im Winkel", der zum einen aus Reihenhäusern, zum anderen aus Wohnblocks bestanden, die denen „Im Gehege" und „Im Wildgarten" glichen, entstanden 1960/61 in Faßberg 150 Wohneinheiten. Mit den 1958/59 entstandenen Siedlungsteilen bildete dieser Bauabschnitt eine physiognomische Einheit. Alle Häuser weisen als Baumaterial roten Backstein auf, der in Faßberg als typisch für Wohnbau-Bauten gelten kann.[232]

Bis 1970 entstanden im Rahmen der Altenhilfe 18 Ein-Zimmer- und 12 Zwei-Zimmer-Wohnungen am Erikaweg für die ältere Bevölkerung Faßbergs. 1966 wurde der Bebauungsplan „Im Rabenbusch" aufgestellt, der den Privatbau von 139 Einfamilienhäusern mit 209 Wohneinheiten vorsah. 1970 begann der verstärkte Bau privater Eigenheime in diesem Planungsgebiet, und 1968/70 wurde die Fläche der heutigen Uhlenflucht als Baufläche für Privatbauten ausgewiesen.[233]

1961 gab sich die TSLw 3 ein Wappen, das 1965 durch den Inspekteur der Luftwaffe offiziell genehmigt wurde.

Am 17. Februar 1962 wurde ab 9.45 Uhr die Einsatzbereitschaft für die Flutkatastrophe im Nordseegebiet hergestellt. Zum Einsatz kamen mehrere Flugzeuge der FFS „S" und der 3./Luftrettungs- und Verbindungsstaffel sowie der Bodensicherungszug der Fliegerhorstgruppe und das Tankpersonal der NuT-Staffel. Der Einsatzraum für Flugzeuge war Hamburg-Fuhlsbüttel, für den Bodensicherungszug hingegen der Raum Stade.[234]

Nach erfolgter Umgliederung unterstanden dem Schulstab 1962 zwei Lehrgruppen mit einem Lehrgruppenstab, dem wiederum je zwei Ausbildungs- und Schülerstaffeln unterstanden. Im gleichen Jahr begann die Ausbildung von Unfallvertrauenspersonen.

Im Zuge der Umgliederung der Luftwaffe wurde die TSLw 3 im Jahre 1963 dem Befehlsbereich des Generals Versorgung und Truppentechnik des Luftwaffenamtes unterstellt. Gleichzeitig wurde das Ausbildungskonzept modifiziert.

Häuser am Buchenweg, kurz nach ihrer Fertigstellung 1964. Archiv Eike Bruns

Übergabe der Truppenfahne

Im Jahre 1965 wurde die Truppenfahne feierlich übergeben. Im gleichen Jahr begann die Ausbildung am neuen Baumuster Bell UH-1D.

1966 wurde in Faßberg die „Ausbildungsinspektion Transall" aufgestellt, die dann nachfolgend nach Mont de Marsan in Südfrankreich verlegte. Hier wurde sie mit der französischen Komponente „Ensemble Mobile d'Instruction" (EMI) unter der neuen Bezeichnung „Ausbildungsinspektion Transall/EMI" zusammengelegt.

Am 26. Januar 1968 wurde das unweit der Hauptwache auf dem Gelände der Gaststätte „August im Busch" erbaute Soldatenheim offiziell seiner Bestimmung übergeben. Zur Einweihungsfeier begrüßte der Kommandeur der TSLw 3 als Ehrengast den Wehrbeauftragten des Deutschen Bundestages.

Im Jahre 1970 wurde die TSLw 3 einer neu geschaffenen Kommandobehörde, der Luftwaffenunterstützungsgruppe Nord (Münster/Westfalen), unterstellt. In dem Jahr gab es einige Baumuster-Wechsel: Umrüstung von Dornier Do 27 auf Dornier Do 28 Skyservant, von Sikorsky H-34 auf CH-53G Sikorsky und Noratlas auf C-160 TRANSALL, verbunden mit der Aufstellung der Ausbildungsinspektion Transall/EMI in Mont de Marsan.

In der Nähe von Weesen bei Hermannsburg stießen am 3. März 1971 zwei Hubschrauber der Bundeswehr in der Luft zusammen. Alle vier Besatzungsmitglieder, zwei Offiziere und zwei Unteroffiziere, kamen dabei ums Leben. Die Maschinen waren zur Geländeflugausbildung gestartet. In jedem der beiden Hubschrauber vom Typ Bell 47 befanden sich ein Fluglehrer und ein Schüler, die etwa ein Drittel ihrer neunmonatigen Ausbildung hinter sich hatten. Am Tag nach dem Unglück berichtete selbst, wenn auch knapp, die „Bild-Zeitung".

Post und Hotel zur Post in Faßberg – das heutige Bürgerhaus. Archiv Eike Bruns

Durch eine erneute Umgliederung der TSLw 3 kamen zu den vorhandenen zwei Lehrgruppen 1971 eine dritte und die Gruppe „Auswertung, Truppenversuche und Vorschriften" (ATV) hinzu. Die Ausbildungsinspektion Transall/EMI wurde von Mont de Marsan nach Deutschland auf den Fliegerhorst Wunstorf verlegt.

Am 17. Dezember 1971 zog eine neue Truppengattung in den Fliegerhorst Faßberg ein. Die 17. Kompanie des Fernmelderegimentes 33 kam als NATO-assignierte Tieffliegermeldekompanie mit 320 Soldaten, 230 Kraftfahrzeugen einschließlich acht mobilen Radargeräten und einer Vielzahl von Material von Goslar in die Lüneburger Heide, um von der Elbe bei Hitzacker bis zum Nordharz den unteren Luftraum gegen eventuell tieffliegende Luftfahrzeuge aus dem Osten abzusichern.

Die TSLw 3 leistete bei den schweren Herbststürmen, die am 13. November 1972 über Norddeutschland wüteten, Hilfe. Durch die Einführung der Laufbahn für Offiziere im Flugdienst wurde die Ausbildung der Stabs- und Oberstabs-feldwebel eingestellt.

1974 wurde die Ausbildung an der Dornier Do 28 nach Wunstorf verlegt. Die Fachschule für Technik wurde aufgestellt und eingerichtet.

Der Fliegerhorst Faßberg war unter anderem Standort einer Ausbildungseinrich-tung für Flugzeugführer der Bundeswehr. Bis zum 30. Juni 1975 bestand auf dem Fliegerhorst Faßberg die Hubschrauberführerschule der Luftwaffe, die truppendienstlich dem Lufttransportkommando unterstellt war. Sie bildete Hub-schrauberführer auf den Mustern Bell UH-1D, Alouette II und Bell 47 G2 aus. Neben dem fliegenden Personal der Luftwaffe wurden auch Heeresflieger und Marineflieger sowie fliegerisches Personal des damaligen Bundesgrenzschutzes, Feuerwehr- und Polizeikräfte und Militärpersonen befreundeter Staaten zu Hub-schrauberführern ausgebildet.

Die dazugehörige Fliegerhorstgruppe wurde zum Zeitpunkt der Auflösung der Hubschrauberführerschule der TSLw 3 unterstellt. Die Ausbildung der Flakme-chaniker wurde von Kaufbeuren nach Faßberg verlagert.

Der Platz verblieb für lange Zeit unter der Hoheit der Bundesluftwaffe. Die be-heimateten fliegenden Verbände waren in den letzten Jahrzehnten aber Heeres-flieger. Folgerichtig ist die Verantwortung für den Fliegerhorst inzwischen an das Heer übergeben worden. Mit 565 Hektar Gesamtfläche stellt der Flieger-horst Faßberg einen der größten aktiven Plätze in der Bundesrepublik dar.

Nach der Übernahme des Fliegerhorstes durch die Luftwaffe wuchs der Ort zu-sehends. Die Bediensteten brauchten Wohnraum. So entstanden die Lindenstra-ße und die angrenzenden Straßen. Die meisten Häuser der Lindenstraße entstan-den allerdings durch das Barackenräumprogramm der Baracken am Schwarzen Weg.

Samtgemeinde Faßberg

Zu Beginn des Jahres 1973 wurde aus dem bis dahin gemeindefreien Faßberg mit den benachbarten Orten Müden/Örtze und Poitzen eine Samtgemeinde (Samtgemeinde Faßberg) gebildet. Sie sollte eine verwaltungsmäßige Zusam-menfassung und Vereinfachung sowie eine daraus resultierende Verbilligung des Verwaltungsaufwandes mit sich bringen. Die ehrenamtlichen Gemeindedi-rektoren sollten von ihrem kaum noch erfüllbaren Amt befreit werden, und die ständig komplizierter gewordene Verwaltungsarbeit sollte von hauptamtlichen, ausgebildeten Fachleuten übernommen werden. Da Gemeinden mit weniger als 400 Einwohnern nicht „samtgemeindefähig" waren, wurden Poitzen und Schmarbeck durch einen Gebietsänderungsvertrag 1972 zur Gemeinde Poitzen vereinigt, die dann über 400 Einwohner besaß.[235]

Samtgemeinden waren ein Konstrukt der damals umgesetzten Gebietsreform in Niedersachsen. Geschaffen wurden sie zum Zwecke der Verwaltungsvereinfa-chung.[236]

Vier Jahre später, am 1. Januar 1977, wurde daraus durch vorausgegangenes Gesetz über Gebietsänderungen in den Bereichen Faßberg/Müden (Örtze) und Poitzen im Landkreis Celle vom 10. Dezember 1976 die Gemeinde Faßberg.[237]

„Damit war der Militärstandort Faßberg endgültig aus seiner Isolation gelöst und außermilitärischen Einflüssen ausgesetzt", schreibt Archivar Eike Bruns in seinem chronologischen Überblick „Faßberg – Von der Militärsiedlung zur Gemeinde". Gemeindedirektor der Gemeinde Faßberg wurde Karl Hörnicke.

Aufmerksam verfolgt General Brandt (2. von rechts) die Erklärungen des Kompaniechefs der 17./Fernmelderegiment 33, Major Karwath, über die Mobilität des Radartrupps, während Generalleutnant Loosen und Oberstleutnant Stöcker das Ausfahren des Radarmastes beobachten.
Foto: Hans Jürgen Lang/Digitales Archiv TSLw 3

Bei den verheerenden Waldbränden im Naturpark Südheide des Kreises Celle im August 1975 und Mai 1976 leistete die TSLw 3 sowohl durch den Einsatz von Soldaten und Feuerwehr einschließlich Löschfahrzeugen am Brandherd als auch durch Bereitstellung der fliegerischen und fernmeldetechnischen Anlagen für die zur Brandbekämpfung eingesetzten Flugzeuge und Hubschrauber ihren Beitrag zur Eindämmung der Naturkatastrophe.

Am 15. Oktober 1975 verlegte auch der Stab IV. Abteilung Fernmelderegiment 33 von Goslar nach Faßberg, um von hier die unterstellten mobilen TMLD-Kompanien in Uetersen, Faßberg und Goslar mit den 12 Dauereinsatzstellungen (DEST) an der innerdeutschen Grenze zu führen.

MPDR 30/1 – Mobiles Puls Doppler Radar (Reichweite: 30 Kilometer). Mit diesem Gerät waren die Radartrupps ausgerüstet. Foto: Christoph Alexander

In der viereinhalbjährigen Amtszeit des Leiters der Standortverwaltung Otto Mohr wurden im Fliegerhorst folgende Bauwerke fertiggestellt beziehungsweise instandgesetzt und modernisiert:[238] am 19. November 1976 eine kombinierte Sport- und Ausbildungshalle, am 24. März 1977 das Mannschaftsheim 17 a, am 14. April 1978 ein Lehrsaalgebäude für die Ausbildung von Brandschutzpersonal, am 25. Januar 1979 eine weitere Sport- und Ausbildungshalle und ein Lehrsaalgebäude zur Ausbildung von technischem Personal am Waffensystem BO 105, am 18. Juni 1979 das Mannschaftsheim 55, am 29. Mai 1980 ein Kompaniegebäude (234) und am 13. Juni 1980 das Unteroffizierheim, außerdem das Lehrsaalgebäude 55 einschließlich Küche 55.

Die Ausbildung an dem Jet Fiat G-91 endete im Jahre 1978. Gleichzeitig wurde die Ausbildung am leichten Jagdbomber Alpha-Jet begonnen.

1979 begann die Ausbildung an den neuen Waffensystemen Bo-105 (VBH) und PAH 1. Gleichzeitig wurde die Ausbildung am Waffensystem Alouette II eingestellt.

Im Jahre 1979 hatte die Gemeinde Faßberg 6591 Einwohner, was einer im Landkreisvergleich eher geringen Bevölkerungsdichte von 65 Einwohnern je Quadratkilometer entspricht.[239]

Am 26. September 1980 wurde das Kommando der TSLw 3 von Oberst Oskar Lichtenwalter an Oberst Hans Aßmann übergeben. Oskar Lichtenwalter übernahm nach drei Jahren Amtszeit als Kommandeur und Standortältester eine neue Tätigkeit bei einer NATO-Dienststelle in Paris. Der Kommandeur des Luftwaffenunterstützungsgruppenkommandos Nord/Münster, Generalmajor Dr. Wilhelm Ortmanns, überreichte Oberst Aßmann das Präsent der Luftwaffe. Das Foto zeigt den Appell mit Generalmajor Dr. Ortmanns (links), den Gästen und zwei Hubschraubern. Foto: Archiv TSLw 3

19 Nigerianer zu Gast

Im letzten Quartal 1980 hielten sich 19 Nigerianer im Fliegerhorst zur Ausbildung auf. Auf Kosten der Firma Dornier stellte die TSLw 3 Unterkunft und Verpflegung. Firmenpersonal von Dornier bildete die Afrikaner zu Luftfahrzeugtechnikern am Waffensystem Alpha Jet aus.[240]

Am 10. April 1981 hatte Faßberg hohen Besuch: Der Niedersächsische Minister für Bundesangelegenheiten, Wilfried Hasselmann, stattete dem Fliegerhorst einen Informationsbesuch ab, setzte sich ins Cockpit des „Alpha-Jets" und trug sich ins Goldene Buch der Gemeinde ein. Foto: Archiv TSLw 3

Das Heeresfliegerregiment 10 verlegte 1981 von Celle nach Faßberg.

Am 12. Juni 1981 feierte die TSLw 3 ihren 25. Geburtstag. Aus diesem Anlass erschien eine Fortschreibung der Chronik, für die eine ganze Reihe aktueller Fotos von Gebäuden in der Gemeinde und vom Fliegerhorst geschossen wurde. Aus diesem Konvolut stammen diese Fotos von der Kirche und dem Rathaus. Digitales Archiv TSLw 3

Das Regionale Raumordnungsprogramm für den Landkreis Celle gliederte die zentralen Orte am 21. August 1981 in drei Stufen. Die Ernennung zum Grundzentrum, also die Gleichstellung mit Orten, wie Hermannsburg oder Bergen, entsprach dieser Entwicklung und erkannte Faßbergs Gewinn an Bedeutung in der Celler Südheide an. Der Bebauungsplan „Am Speier" wurde im November

1981 als Bauland für Privatbauten ausgewiesen. Die Bebauungsfläche umfasste 80.000 Quadratmeter. Die Preise für die erschlossenen Grundstücke waren äußerst preiswert: 55,- D-Mark pro Quadratmeter ohne, 56,- D-Mark pro Quadratmeter mit Wald. In Müden kostete der Quadratmeter 50,- D-Mark für ein unerschlossenes Grundstück. Die Ausweitung des Baugebietes „Am Speier" mit einer Ausrichtung auf den Ortsteil Müden wurde für die Zukunft ins Auge gefasst. Das Hauptbaugebiet war 1982 an der Pappelallee, die sich schnell zu einem neuen großen Siedlungsteil der Gemeinde Faßberg entwickelte.[241]

Ausführlich berichtete die „Cellesche Zeitung" in ihrer Ausgabe vom 7. Oktober 1982 ausführlich über eine Wiedersehensfeier des „Sonnenscheinjahrgangs" 1957: Anlässlich ihre 25. Soldatenjubiläums hatten sich 200 Männer im Fliegerhorst, an der Stätte ihres ersten gemeinsamen Zusammentreffens als ehemalige Offizierschüler der Luftwaffe, versammelt. Sie feierten mit ihren Damen die 25. Wiederkehr des Tages ihres Diensteintritts im April 1957 in Faßberg.[242]

Im Mai 1983 wurde die Übung „Hot Spring 83" in Anwesenheit von US-Verteidigungsminister Caspar Weinberger durchgeführt. Anlässlich des 50-jährigen Bestehens des Fliegerhorstes Faßberg wurde am 4. Juni 1983 ein „Tag der offenen Tür" veranstaltet. Etwa 45.000 Besucher fanden sich bei der Gelegenheit auf dem Platz ein. Oberst Hans Aßmann stellte die Geschichte des Fliegerhorstes vor, Faßbergs Bürgermeister August Bruns erinnerte an die Trauener Forschungsanstalt, und Wilfried Hasselmann (1924-2003), stellvertretender niedersächsischer Ministerpräsident und Minister für Bundesangelegenheiten, würdigte die Leistungen der Faßberger Soldaten. Zum Ausklang fand ein Hallenfest statt, bei dem ab 20 Uhr „die verstärkte Combo des Heeresmusikkorps 13" in Halle 7 für Tanz und Stimmung sorgte.[243]

Der Kommandeur der Luftwaffenunterstützungsgruppe Nord/Münster, Generalmajor Rainer Paschke, hielt aus Anlass des zehnjährigen Bestehens der Fachschule der Luftwaffe für Maschinenbau in Faßberg am 4. Juli 1984 im Offiziersheim eine Festrede. Paschke hob besonders die vorbildliche Zusammenarbeit mit dem Niedersächsischen Kultusministerium und der (2004 aufgelösten) Bezirksregierung Lüneburg hervor. Auf dem Programm des Truppenbesuchs stand auch ein Empfang im Celler Kreishaus. Das Foto zeigt von links: Adjutant Oberleutnant Flatow, Generalmajor Paschke und Oberst Aßmann. Digitales Archiv TSLw 3

Im Jahre 1984 gab sich die Gemeinde Faßberg ein Wappen. Mit dem Wirksamwerden des neuen Wappens war der lange Weg der Entwicklung des Hoheitsabzeichens abgeschlossen, der schon im Jahre 1977 mit einem Antrag des damaligen Ratsherrn Jörg Dingeldey begonnen hatte. In der Phase der Entwicklung kam es darauf an, ein Wappen zu finden, das durch seine Symbole die Eigenheiten der neuen Gemeinde aussagekräftig darstellt. Dabei mussten die Grundsätze der Heraldik, der Wappenkunde, beachtet werden. Dazu sollte es in seiner Grafik und Gesamterscheinung ansprechend sein.

Wappenentwurf mit 1. Preis belohnt

Das am 16. Juli 1984 vom Rat der Gemeinde Faßberg beschlossene Wappen zeigt eine Wacholdergruppe, einen Heidschnuckenschäfer und ein Flugzeug in einem Zahnrad. Es geht in seinen Grundzügen auf einen Vorschlag von Karl Sänger, einen ehemaligen Bürger der Gemeinde, zurück, dessen Entwurf im Rahmen eines Ideenwettbewerbs vom Rat mit einem 1. Preis ausgezeichnet worden war. Fertiggestellt wurde das Wappen in der letztendlichen Form vom Heraldiker Wilhelm Krieg aus Braunschweig.[244]

Der Inspekteur der Luftwaffe, Generalleutnant Eberhard Eimler, veranstaltete im April 1985 die Kommandeurs-Tagung für den Nordbereich im Fliegerhorst Faßberg. Das Foto zeigt Eimler (2. von links) in Begleitung des Standortältesten und Kommandeurs der TSLw 3, Hans Aßmann (links im Bild), bei der Begrüßung der anderen Kommandeure der auf dem Fliegerhorst Faßberg stationierten Verbände. Digitales Archiv TSLw 3

Im Jahre 1985 erhielt die TSLw 3 eine neue Gliederungsform. Ausgerichtet wurde in dem Jahr ein erster Lehrgang ABDR-Personal.

Hohen Besuch erhielt der Fliegerhorst Faßberg am 17. Februar 1986, als die beiden Verteidigungsminister Manfred Wörner (Deutschland, 1934-1994) und George Younger MP (Großbritannien) zu Gast waren.

Am 20. August 1986 machte Königin Beatrix der Niederlande auf dem Weg zu einem Besuch bei den niederländischen Truppen in der Lüneburger Heide eine Zwischenlandung in Faßberg. Sie wurde hier von dem stellvertretenden Schulkommandeur der Technischen Schule der Luftwaffe 3, Oberst Jürgen Tychsen, begrüßt.

1986 fertigte die Fliegerhorstgruppe Faßberg ihre 20.000. Gastmaschine ab (Cross-Servicing). Eine Fiat G-91 – das Wappen-Symbol der TSLw 3 – wurde im Original vor dem Offizierheim aufgestellt.

Im Jahre 1988 übergab der Kommandeur der TSLw 3 Faßberg das durch die Ausbildungswerkstatt der Luftwaffe gefertigte Gemeindewappen. Erstmals erschien die Zeitung der Schule („Schulheft"), und die regionale Fahrschule wurde übernommen.

Die Wiedervereinigung Deutschlands und die Auflösung des Warschauer Paktes brachten auch für den Fliegerhorst Faßberg Veränderungen mit sich. Die alliierten Flugtage fielen aus, und der Tieffliegermelde- und Leitdienst der deutschen Luftwaffe (TMLD), in dem einst auch der SPD-Politiker Sigmar Gabriel seinen Wehrdienst absolviert hatte, wurde von seinem Einsatzauftrag entbunden.

Jubiläumsmaschine „25000 Gastmaschine 1976-88". Gruppenfoto mit dem Flugplatzkommandanten, Oberst Harald Schramm (3. von rechts), dem stellvertretenden Kommandeur der Fliegerhorstgruppe Faßberg, Oberstleutnant Jürgen Benthien (2. von rechts), dem Cross-Servicing-Team der Fliegerhorstgruppe Faßberg und der Crew der Jubiläumsmaschine. Foto: Hans Jürgen Lang/Digitales Archiv der TSLw 3

Die vier Dauereinsatzstellungen der 17./Fernmelderegiment 33 Faßberg in „Sarenseck", „Wettendorf", „Almke" und „Klein Vahlberg" wurden geräumt, die Tieffliegermelde- und Leitzentrale im Fliegerhorst abgebaut und auch der Stab IV./Fernmelderegiment 33 zum 31. Dezember 1991 aufgelöst.

„Der Radarführungsdienst insgesamt und der TMLD können stolz auf die Leistungen der vergangenen Jahre zurückblicken", so Oberstabsfeldwebel a.d. Christoph Alexander.

1989 erfolgte die Übergabe der Atemschutzübungsstrecke für die Brandschutzausbildung.

Die Einweihung der „Erinnerungsstätte Luftbrücke Berlin" erfolgte im Jahre 1990 auf dem Fliegerhorst Faßberg. Die Wiedervereinigung hinterließ Spuren: Erstmals gab es einen Lehrgangsteilnehmer der ehemaligen NVA, und Einsatzverbände der Luftwaffe übernahmen von Faßberg aus mit dem AIRPolicing lufthoheitliche Aufgaben über Deutschland. Es gab zukünftig eine zivilberufliche Teilanerkennung von Meisterlehrgängen „Industriemeister Metall". Der erste LOX-Trainer der Luftwaffe und ein hochmodernes Videostudio wurden an die TSLw 3 übergeben. Und man erzielte den 3. Platz des Verkehrssicherheitspreises 1989 der Bundeswehr.

Im Jahre 1993 nahmen die Faßberger Heeresflieger unter der Leitung des stellvertretenden Regimentskommandeurs des Heeresfliegerregiments 10, Oberstleutnant Jürgen Kuhn, am UNO-Einsatz in Somalia teil. Am Tage des Abflugs, 21. Mai 1993, hatte der Fliegerhorst zwei russische Iljuschin-Transportflugzeuge zu Gast, die drei Bell UH-1D nach Mogadischu brachten. Ihre voraussichtlich halbjährige Reise traten an: Major Ingolf Masemann, Major Burkhard Tschuschke, Hauptmann Bernd Claus, Oberleutnant Heiko Bühren, Oberfähnrich Dieter Heilig, Hauptfeldwebel Gerhard Lutz, Stabsfeldwebel Lothar Heyde, Hauptfeldwebel Knut Hösterey, Stabsunteroffizier Christian Haller, Feldwebel Uwe Schulz, Stabsfeldwebel Wolfgang Rühmkopf, Hauptfeldwebel Wittich (vom Heeresfliegerregiment 6, Itzehoe), Hauptfeldwebel Reinhard Michalczyk, Stabsunteroffizier Frank Kroll und Hauptgefreiter Michael von Loh.[245]

Gute Nachrichten kamen 1995 aus Bonn. Der Generalinspekteur der Bundeswehr, General Klaus Naumann, schrieb dem Kommandeur der TSLw 3 am 27. Juli 1995: „Lieber Herr Müller-Gerhardtz, es ist mir eine besondere Freude, Ihnen mitteilen zu können, daß Ihre ‚Erinnerungsstätte Luftbrücke' bald um ein wertvolles und umfangreiches Exponat anwachsen wird: Die türkischen Streitkräfte werden uns kostenfrei eine DC-3 überlassen. Wie Sie aus dem anliegenden Brief des türkischen Generalstabschefs entnehmen können, bedarf es nur noch amerikanischer Zustimmung. Ich habe über den Verteidigungsattaché in Washington bereits Schritte zur Beschleunigung des Verfahrens eingeleitet." Das Objekt der Begierde wurde am 19. Juni 1998 mit einem Super-Transporter „Beluga" von Kayseri in der Türkei nach Faßberg geflogen.[246]

Am 21. Dezember 2002 kam der Stabsunteroffizier Frank Ehrlich von der TSLw 3 im Einsatz in Afghanistan ums Leben. Er war Besatzungsmitglied einer CH-53 und starb mit sieben Kameraden. Das Unglück ereignete sich bei der Rückkehr von einem Erkundungsflug in der Landungsphase in Kabul.

Gründung der DFAT

Die deutsch-französische Zusammenarbeit bei der Entwicklung, der Ausbildung und dem Einsatz des Kampfhubschraubers „Tiger" begründet sich auf gemeinsamen Anforderungen beider Nationen an ein Hubschrauberwaffensystem. Diese gemeinsamen Vorstellungen wurden für die Ausbildung des fliegenden Personals mit der Indienststellung des Deutsch-französischen Heeresfliegerausbildungszentrums in Le Luc am 1. Juli 2003 verwirklicht. Die deutsch-französische Ausbildungseinrichtung für das technisch-logistische Personal Tiger (D/F AusbEinr TIGER) wurde am 27. September 2003 durch die Verteidigungsminister Frankreichs und Deutschlands in Faßberg im Landkreis Celle in Dienst gestellt.

Die Ausbildungseinrichtung bildet das gesamte für den Einsatz und die Unterstützung des Waffensystems Tiger notwendige technisch-logistische Personal beider Nationen am Standort Faßberg aus. Die Ausbildung ist an folgenden Fluggeräten vorgesehen: französische Seite: Hélicoptère Appui Protection (HAP), deutsche Seite: Unterstützungshubschrauber Tiger (UHT).

Im Zuge der „Deutschlandreise mit der Maus" begab sich der Fernsehregisseur Armin Maiwald am 8. Juni 2012 mit seinem „Maus-Team" auf Entdeckertour. Konkret ging es darum, die Geschichte über die Luftbrücke 1948/49 zu vervollständigen. Armin Maiwald (Mitte) schaut seinem Kameramann Kai von Westermann über die Schulter. Foto: Oberstabsfeldwebel Paul Hicks

Die Ausbildung der Lehrgangsteilnehmer wird in der jeweiligen Landessprache durchgeführt. Die deutsch-französische Ausbildungseinrichtung Tiger besteht aus einem binationalen Stab sowie aus einer deutschen und einer französischen Inspektion. Die Einrichtung hat eine Stärke von 81 Personen (24 Offiziere, 44 Unteroffiziere, sieben Mannschaften und sechs zivile Beschäftigte, 42 Deutsche und 39 Franzosen). Der Dienstposten des Kommandeurs wird im Wechsel durch einen französischen und einen deutschen Offizier besetzt. Nach der Indienststellung am 27. September 2003 wurde die deutsch-französische Ausbildungseinrichtung Tiger zunächst von Oberstleutnant Michael Großmann befehligt, sein französischer Stellvertreter war Lieutenant-Colonel Richard Ohnet.

Das Jahr 2012 war für die TSLw 3 erneut ein Jahr mit vielen Aktivitäten. Herausragende Ereignisse waren der Kommandowechsel bei der Deutsch-Französischen Ausbildungseinrichtung TIGER, die Überführung eines CH-53-Hubschraubers und einer Bell UH-1D, die Eröffnung der Luft- und Raumfahrtausstellung bei der Erinnerungsstätte Luftbrücke Berlin sowie der Besuch von den Machern der Sendung mit der Maus.

Ein Hubschrauber des Typs Bell UH-1D wurde am 21. Juni 2012 nach Faßberg überführt. Die TSLw 3 übernahm das Luftfahrzeug, nachdem es 33 Jahre gute Dienste geleistet hatte. Pilot Oberstleutnant Knut Brantin, Bordtechniker Stabsfeldwebel Dieter Legler und Copilot Hauptmann Konrad Ertl (von links) verewigten sich auf dem überführten Hubschrauber. Foto: Stabsfeldwebel Matthias Blazek

Ein ziviler Mitarbeiter der deutsch-französischen Ausbildungseinheit Tiger (DFAT) am Fliegerhorst in Faßberg veruntreute massiv Gelder. Wie Oberstaatsanwalt Witold Franke mitteilte, saß ein 52-jähriger Franzose deshalb in Untersuchungshaft. Der Haftgrund lautet auf gewerbsmäßige Untreue, wie Franke sagte. Der Franzose wurde in Haft genommen, weil die Gefahr besteht, dass er aus Deutschland verschwindet und sich in sein Heimatland absetzt. Der Prozessauftakt vor dem Oberlandesgericht Celle fand am 26. Juni 2013 statt.[247]

Elbehochwasser 2013

In der ersten Junihälfte des Jahres 2013 unterstützten etwa 500 Soldaten vom Fliegerhorst Faßberg beim Elbehochwasser in Hitzacker und Dannenberg.

Mit Wirkung vom 1. Januar 2014 erfolgt die Zusammenlegung der Technischen Schulen der Luftwaffe 1 und 3 zum Technischen Ausbildungszentrum der Luftwaffe mit Sitz in Faßberg. Im Vorfeld wurde vom 10. bis 14. Juni 2013 eine deutschlandweite Fahrradtour, die „Tour de TAZ", veranstaltet.

Derzeit leben in allen Ortsteilen der nördlichsten Gemeinde des Landkreises Celle, auf etwa 102 Quadratkilometern Fläche, zusammen rund 6700 Einwohner und etwa 2800 Angehörige auf dem Fliegerhorst Faßberg. Davon wohnen aufgerundet 4000 Menschen in Faßberg. Sitz der zentralen Verwaltung der Gemeinde ist das Rathaus. Die moderne, in großzügigem Grün eingebettete Wohnsiedlung hier steht in reizvollem Kontrast zu den dörflichen Lebensformen in Müden/Örtze, Poitzen und Schmarbeck.

Am Rand der Faßberger Kaserne befindet sich heute die öffentlich zugängliche „Erinnerungsstätte Luftbrücke Berlin", in welcher mit verschiedenen Exponaten an die schicksalhaften Jahre 1948/49 erinnert wird.

14. Juni 2013, 11 Uhr: Sandsäcke gehen von Hand zu Hand.
Foto: Stabsunteroffizier Nadine Nauwald

Derzeit ist hier – seit ihrer Aufstellung im Jahre 1956 – die Technische Schule der Luftwaffe 3, das Kompetenzzentrum für die technisch-logistische Ausbildung an Drehflüglern für Heer und Luftwaffe, beheimatet. Sie führte unter anderem bis ins Jahr 2005 die bundesweit aktive und bekannte Wanderausstellung „Unsere Luftwaffe" durch. Auch hat das Transporthubschrauberregiment 10 der Heeresfliegertruppe hier seinen Standort. Außerdem befinden sich hier die Deutsch-Französische Ausbildungseinrichtung Tiger, das Sanitätszentrum Faßberg und die Standortverwaltung Bergen, Außenstelle Faßberg. Das Familienbetreuungszentrum Faßberg ist inzwischen nach Lüneburg verlegt worden.

Die Masse der Gebäude der Gründerzeit, aus Tarnungsgründen im Stil niedersächsischer Bauernhäuser gehalten, ist im Fliegerhorst erhalten geblieben und befindet sich meistens in gutem Originalzustand. Häufig sind an den Eingängen zu den Kellerräumen der Unterkunftsgebäude noch die Hinweise „Schutzraum 40 Personen" zu lesen. Zahlreiche großen Hangars der Kampfflieger befinden sich am Rand des Flugfeldes in modernisierter Verfassung.

In Faßberg wird es 2013 drei Wahlen geben. Hans-Werner Schlitte gibt zum September sein Amt aus Altersgründen auf. Als Termin für die Neuwahl kommt eine Kombination mit dem Urnengang für den neuen Bundestag in Betracht. Die wichtigste Herausforderung für den Nachfolger wird der Stopp des Bevölkerungsrückgangs.

Anlage 1

Einleitender Beitrag in der zweiten Nummer einer „Werkzeitung des Fliegerhorstes Faßberg" mit Namen „Gemeinsame Arbeit" vom 21. Januar 1938 (Archiv TSLw 3)

Kennst du unser Faßberg?

Aber sicher, nur zu gut! Betonstraßen, Hallen, mächtige Gebilde aus Stein und Eisen, Motorengedonner, Hast und Eile, Sorgen und schwerer Alltag. Aber nein, das ist ja das Faßberg, das wir uns selbst erstellten, mit all seinem Bösen und Guten. Weißt du, daß ganz in unmittelbarer Nähe unseres Horstes sich Naturschutzgebiete befinden? Gehe mit des Morgens, wenn noch alles still ist und nur die Sonne beginnt, die Heide langsam zu beleben. Kurz vor der Brücke auf der Betonstraße von Hankenbostel führt uns links ein Feldweg am Waldesrande ins Feld. Nach einigen Schritten schon biegen wir vom Wege und stehen mitten zwischen den schönsten Fuhren und Tannen weit und breit. Steiler Abhang fällt hinab zum Bächlein, das sich in ständigem Winden seinen Weg bahnte und sich ganz dem hügeligen Gelände anschmiegte. Wir folgen dem Wasser aufwärts und brauchen nicht viel Vorstellungsgabe, um uns wie in den schönen Harz versetzt zu fühlen. Verlassen wir nun dieses Waldgebiet und suchen unseren Weg über die Heide zurück zur Siedlung Faßberg, so liegt vor uns eine Fläche, zwar grau jetzt im Winter und Vorfrühling, doch bestanden mit uralten Wacholdern und mächtigen Kiefern, die als Einzelgänger sich über Jahrhunderte gewehrt haben gegen die Unbilden der Witterung, die aber gerade dadurch sich zu den interessantesten Gebilden entwickelten. Es gibt kaum eine Zusammenstellung der Heideschönheiten im Bilde, wo nicht dieses Fleckchen Erde so kurz vor unserem Horste als mit vom Schönsten hervorgehoben wird, was unsere Heide bieten kann. Ein wenig weiter haben wir Gerdehaus, als Naturschutzgebiet. Zwischen den beiden mit Eichen bestandenen Bauernhöfen führt ein breiter Sandweg hindurch, hinweg über die alte Brücke, die jetzt beim Aufbau unseres Horstes gerade so viel Sonderbares erleben mußte, hin zu einem niedrigen Wegweiser, der mit seiner kaum noch leserlichen Schrift vier richtigen Heidewegen Richtung gibt. Gleich links befinden wir uns in dem staatlich geschützten Gebiet. Mittelpunkt ist eine mächtige Eiche, die auf freier Heidefläche mit ihren Zweigen einen Weiher beschattet, der nie austrocknen und keinen Grund haben soll. Der Schäfer erzählt manches Stück von der heimtückischen Art dieses Sonderlings unter den Teichen. Und er muß es wissen, denn schon über zwanzig Jahre hütet er seine Schafe auf dieser „Lämmerheide". Wacholder an Wacholder drängt sich aneinander, soweit der Blick reicht. Und keiner gleicht dem anderen.

Versuche einmal auch so unseren Horst zu betrachten, und sicher wird er dir immer lieber werden. Zwar kann die Sonne keinen Blumenteppich erstehen lassen, grau liegt wie verzaubert die Heide, aber sie will entdeckt werden, und dann hilft sie auch tragen am schweren Faßberger Alltag. (Autor: Bdrs. = Standortobmann der Deutschen Arbeitsfront Boderius)

Anlage 2

Schriftverkehr zur SA-Wiedersehensfeier am 19. und 20. August 1939 (StA Wolfenbüttel)

Fleischhauer, Oberstlt.   *Faßberg, den 4.8.1939.*
Gr.Kampffl.Schule Faßberg.

An
Sturmbannführer Hans Kleinschmidt
Braunschweig.
Sommerlust Nr.4

Lieber Hans!

Deinen Brief vom 1.8. sowie die provisorische Einladung vom 26.7. habe ich heute erst erhalten, da ich am Luftflotten-Manöver teilgenommen habe. In etwa 1 Stunde fliege ich nach Pommern, sodaß ich Dir nur ganz kurz danken und antworten kann. Mit dem vorläufigen Programm bin ich einverstanden ebenso liegt mir der Termin 19., 20., viel besser.

Anschriften: *Standartenführer Peter, Eisenbahnverwaltung Göttingen,*
                       SS-Sturmbannführer Hahn,SS-Sicherheitsdienst,
                       Berlin. Prinzen-Palais, Prinz-Albrecht-Straße,
                       SS-Sturmbannführer Krone, Lüneburg,
                       SS-Sturmbannführer v.Steuben, SS.Junkerschule,Braunschweig.

Für den Unterstützungsfonds stifte ich Rm 20.-, die mit gleicher Post abgehen.

> *Herzlichen Gruß*
> *Dein*
> *Hans Fleischhauer*

August Wille   *Hannover, den 8. August 1939*
Hannover-S.
An der Tiefenriede 22 III.r.

> *An den*
> *Pg. Kleinschmidt*
> *Braunschweig.*
> *Sommerlust 4*

> *Lieber Kamerad Kleinschmidt !*

Ich danke vielmals für die erhaltene Einladung vom 26. Juli 1939 und teile hierdurch mit, daß ich an der Wiedersehensfeier am 19. und 20. August 1939 teilnehme.

Gleichzeitig gebe ich noch folgende Adressen an:

1. Karl Levermann, Bissendorf über Hannover
2. Willi Kesting, Münster/Westf. Dahlweg 58
3. San.-Unteroffizier Hans Hörndler, Hannover, Kirchröderstr. 2

> *Heil Hitler!*
> *Wille*

Anlage 3

Auszüge aus dem Kriegstagebuch der Fliegerhorstkommandantur Faßberg, 1939-1941 (Archiv der Gemeinde Faßberg)

25.8.1939

18.55 Uhr	*Eintreffen des X-Befehls bei Fl.H.Kdtr. Major von der Lühe (telef. voraus)*
19.00 Uhr	*Weitergabe an L.Muna Munster und telef. Bestätigung (Dr. Prikkow)*
19.00 Uhr	*Weitergabe an Gr.Kampffliegerschule, Adjutant II b Bestätigung*
19.15 Uhr	*Abgabe der Empfangsbestätigung an L.G.Kdo. XI*
19.30 Uhr	*Besprechung aller Dienststellenleiter beim Fliegerhorstkommandanten.*
	Bekanntgabe des X-Befehls und demzufolge zu treffenden Maßnahmen.
20.30 Uhr	*Beendigung der Besprechung, Ausgabe der Mob-Mappen an die Dienststellenleiter.*
20.15 Uhr	*Stichwort Bodenorganisation „rot klar" und Bodenorganisation „blau klar" geht von L.G.Kdo. XI ein.*
20.17 Uhr	*Weitergegeben an z.b.V. Gruppe IV (Major Zansen)*
20.20 Uhr	*Weitergegeben an Luftmuna Munster, (Major Schierwagen)*
20.20 Uhr	*Erfolgte Bestätigung des L.G.Kdos. XI*
20.30 Uhr	*Eingang des SLU-Telegramms von L.G.Kdo. XI*
20.30 Uhr	*Weitergabe an L.-Muna Munster Lager und z.b.V. Gruppe IV*
20.55 Uhr	*Empfangsbestätigung an L.G.Kdo. XI abgegeben. Durchführung der M.-Maßnahmen und Fortgang derselben wird alle 2 Std. von den Dienststellen gemeldet.*
22.00 Uhr	*Flugwache ist besetzt.*

26.8.1939

3.55 Uhr	*Abgabe fernschriftl. Meldung an Kdo.Fl.H.Ber. Langenhagen, daß X-Maßnahmen außer Ln.-Stelle und S-Hafen durchgeführt sind. Ln.-Stelle wird etwa bis 10.00 Uhr fertig sein.*
5.00 Uhr	*Gefechtsmeldung an Kdo.Fl.H.Ber. Langenhagen. Keine Vorkommnisse. Nachrichtennetz wird planmäßig ausgebaut.*
5.00 Uhr	*Die X-Maßnahmen sind vollkommen planmäßig verlaufen. Die Vorbereitungen waren bei allen Dienststellen genügend verlaufen.*
3.00 Uhr	*Mit Hellwerden Flugabwehr-M.G. besetzt.*
	Mob-Maßnahmen planmäßig weitergeführt.
	Tag- und Nachtscheinflughäfen vorbereitet.
12.00 Uhr	*Tagscheinflughafenkommando in Marsch gesetzt nach Beutzen mit Lkw. und 2 Anhängern. Lkw. und Teilkommando kehrte zurück und fuhr nochmals mit Gerät hin.*
15.00 Uhr	*Nachtscheinflughafenkommando in Marsch gesetzt nach Misselhorn. Vormittags und nachmittags Platzlandwirt mit Arbeits-*

kommando Tarnstellungen planiert. Trauenerfeld ferner mit Ausheben der Deckungsgräben begonnen. Bei Eintritt der Dunkelheit „Verdunkelung".

Eintreffen der ersten Ergänzungsmannschaften für Horstkompanie und Zivilpersonen der Wetterberatungszentrale sowie Stabsarzt Dr. Weiss.

Keine besonderen Vorkommnisse.

<u>27.8.1939</u>

6.00 Uhr   *Tagscheinflughafen mit Anfahren der Attrappen fortgefahren.*
Nachmittags   *Horstkompanie Deckungsgräben ausgeworfen. Verbesserung der Verdunkelung und Luftschutzmaßnahmen. Es trafen weitere Ergänzungsmannschaften für die Fliegerhorstkompanie ein, sowie der Obermeister Schleper als Horstflugleiter vom Luftamt Hannover. Bis auf 3 Mann sind alle Ergänzungsmannschaften der Horstkompanie eingetroffen.*
Archivstelle arbeitet mit Überstunden. Mob-Maßnahmen planmäßig weitergeführt. Bei Eintritt der Dunkelheit Verdunkelung. Während der Nacht keine besonderen Vorkommnisse.

<u>28.8.1939</u>

6.00 Uhr   *Tagscheinflughafen mit Anfahren der Attrappen fortgefahren.*
Auf dem Horstgelände Deckungsgräben weiter ausgeworfen.
Es treffen die ersten Zivilergänzungsleute für die S-Flughäfen ein und werden gesammelt in den weißen Baracken untergebracht.
2 Stück 2 cm Flak treffen ein.
Der Flugdienst der Gr. Kampfflieger Schule ist völlig eingestellt.
Mit Pockenimpfung der in den letzten 6 Jahren nicht geimpften Soldaten der Fl.H.Kdtr. wird begonnen.
Die Vorbereitungen zur Verlegung der Gr. Kampfflieger Schule werden getroffen. Werft und Archivstelle arbeiten mit Überstunden.
Abends Verdunkelung des Horstes.
Die Nacht verläuft ohne Vorkommnisse.

<u>29.8.1939</u>

Weiterer Antransport von Attrappen zum Tagscheinflughafen.
Auf dem Horstgelände Deckungsgräben weiter ausgeworfen. Es sind bis Tagesende 5 1/2 Attrappen dorthin gebracht und im Zusammenbau.
Beendigung des Aushebens der Deckungsgräben.
Die 2 cm Flak werden auf Halle 5 und 9 in Stellung gebracht.
Dies ist abends beendet.
Gr. Kampfflieger Schule trifft verstärkte Verlegungsvorbereitungen. Hauptmann Steffen trifft ein, wird auf Anordnung L.G.Kdo. XI jedoch sofort nach Bremerhaven weitergesandt und reist am 30.8.39 um 6.00 Uhr ab.

Antransporte der Attrappen vorläufig eingestellt um zunächst Zusammenbau der schon auf dem S-Hafen befindlichen zu fördern. Die bisher aus der Horstarbeiterschaft gestellte Belegschaft wird teilweise gegen die neu eingestellten zivilen Ergänzungsleute ausgetauscht.

Flughafenbereichskommandant befiehlt in einer örtlichen Besprechung auf dem Tag-S-Hafen Verlegung des Nachtscheinflughafens zu diesem hin.

Nachts keine Vorkommnisse.

Horst verdunkelt.

31.8.1939

vormittags   *Nachtscheinflughafen Misselhorn verlegt mit Kdo. zum Tagscheinflughafen bei Hof Beutzen und mit diesem vereinigt. Anfuhr der restlichen Attrappen und Aufbauen fortgesetzt. S-Hafen Misselhorn, da ungeeignet, aufgegeben. Oberstleutnant Fleischhauer prüft den Platz aus der Luft und hält Anlage für zweckentsprechend.*
An den SC 50 eilige Änderung des Arbeitskommandos der Horstkompanie 20 Mann und Zivilpersonal.

14.00 Uhr   *Flugdienst bei den Lehrgängen.*
Nachts keine besonderen Vorkommnisse.
Flugabwehr Ruhe gewährt. Horst verdunkelt. Abends kommt Nachricht von Grenzüberschreitungen der Polen. Verhandlungsangebot des Führers an Polen vom 28.8. wird bekanntgegeben.
Polen hat hierauf bisher nicht geantwortet, obwohl diese Antwort bis zum 30.8. verlangt war.

1.9.1939

Ab 5.45 Uhr sind gewaltsame polnische Übergriffe mit Gewalt beantwortet worden. Danzig wird durch Staatsgrundsetz mit dem Reich vereinigt.

8.30 Uhr   *geht vom Postamt Müden das SZL-Telegramm ein, das dem Reichsschutzleiter Leonhardt für die Siedlung übermittelt wird.*
Alle Luftschutzmaßnahmen werden überprüft.
Auf Anordnung des L.G.Kdos. XI werden die beiden 2 cm Flak wieder von Halle 5 und 9 abmontiert und mit 1/2 der Munition an Lufttanklager Ehmen abgegeben.
Maßnahmen für Tarnung einfallender Verbände werden gemäß Befehl des L.G.Kdos. XI bezüglich Erweiterung überprüft, desgl. vom Fliegerhorstkommandanten der Tag S-Hafen.

11.30 Uhr   *Betriebsappel [sic!] der Belegschaft. Ansprache des Fliegerhorstkommandanten.*
Nachmittags kommt durch Radio Nachricht von der französi-

schen und etwas später auch der englischen Mobilmachung.
Die ersten Nachrichten über Erreichen der ersten Ziele des Hee-
res in Polen und gute Erfolge der Luftwaffe gehen durch Radio
ein.

12.00 Uhr *Von 12.00 bis 14.00 Uhr startet K.Gr. z.b.V. IV/1 gemäß Sonder-*
- 14.00 Uhr *befehl und verläßt den Horst endgültig.*
10.00 Uhr *Gemeinschaftsempfang der Rede des Führers im Reichstag.*
Nachts keine besonderen Vorkommnisse. Horst und Siedlung
sind verdunkelt.

<u>2.9.1939</u>

6.30 Uhr *Zur Herstellung von Flugzeugtarnstellungen stellen alle Kompa-*
- 11.30 Uhr *nien der Gr. Kampffliegerschule Arbeitskommandos.*
14.00 Uhr *Fortsetung [sic!] dieser Arbeiten. Arbeitskommando der Flieger-*
horstkompanie und zivile Belegschaft in Stärke von 50 Mann
setzt Abänderung an der Abwurfmunition fort.
Vorfeld bis Halle 7 wird mit Farbe getarnt.
13.00 Uhr *Tag S'hafen Betrieb aufgenommen, Nachtbetrieb dagegen nicht.*
14.30 Uhr *Kommandant des Flughafenbereichs landet mit Flugzeug und*
hält sich zur Besichtigung der Tarnungs-Maßnahmen auf den
Rollfeldern auf.
Mit Einbruch der Dunkelheit werden die zivilen Luftschutzin-
standsetzungs- usw. Trupps wegen der z.Zt. noch nicht bedroh-
lichen Lage nach ihren Wohnungen entlassen.
Während das Heer in Polen schon weit gesteckte Ziele erreicht
und die deutsche Luftwaffe an zahlreichen Punkten die Stütz-
punkte der polnischen Luftwaffe völlig zerstört und deren Flug-
zeuge vernichtet hat, bleibt die Haltung Frankreichs und Eng-
lands noch unentschieden.
Nachts keine Vorkommnisse.

<u>3.9.1939</u>

6.30 Uhr *Arbeiten an der Munition fortgesetzt und beendet.*
- 11.00 Uhr *Die Arbeiten an den Tarnstellungen auf den Rollfeldern ganzen*
Tag fortgesetzt.
13.00 Uhr *Durch Radio-Nachricht, daß England sich seit 11.00 Uhr als im*
Kriegszustand mit Deutschland befindlich ansieht. Alle Dienst-
stellen haben hiervor Kenntnis.
18.00 Uhr *Befehl an Tag-S-Hafen auch Nachtbetrieb aufzunehmen.*
<u>Bemerkungen</u>: Wetter, heiter, sehr warm.
Gesundheitszustand: sehr gut.

<u>4.9.1939</u>

1.00 Uhr *erhält Gr. Kampfflieger Schule Befehl, sofort Verlegung vorzu-*
nehmen und beginnt sofort mit den erforderlichen Maßnahmen.
6.00 Uhr *Zugleich trifft Vorkommando der 11. Flugh.Betr.Komp. ein und*
meldet beabsichtigtes Eintreffen der Kompanie für etwa 11.00

	Uhr. Quartiere sind zugewiesen. Zunächst Unterkunft in den ro-
	ten Baracken.
8.30 Uhr	*trifft bereits die Flugh.Betr.Komp. und 1 schwerer Funkzug Del-*
	menhorst ein.
	Komp. Führer Oberleutnant von Lyke.
	Das Personal wird sofort verpflegt. Flugzeuge werden getankt,
	da Einsatzbereitschaft 2 Std. nach dem Einfall vom L.G.Kdo. XI
	befohlen ist. Unterbringung in der weißen Baracke.
14.30 Uhr	*Staffel der Gruppe 10 starten gem. Auftrag.*
19.00 Uhr	*Staffel der Gruppe 10 landen und beziehen Quartier und Ver-*
- 19.30 Uhr	*pflegung.*
18.30 Uhr	*Luftwache meldet, daß in Hannover und Celle „Fliegeralarm"*
	befohlen sei. Darauf erhöhte Aufmerksamkeit für Abwehrgruppe
	und Luftwachposten angeordnet.
20.00 Uhr	*verläßt ein Eisenbahnzug, die Gr. Kampffliegerschule Faßberg,*
	den Fliegerhorst nach Bad Vöslau bei Wien.
	Bemerkungen: Wetter: heiter, abends leichte Bewölkung. Ge-
	sundheitszustand: gut.

5.9.1939

1.00 Uhr	*verläßt der 2. Eisenbahnzug der Gr. Kampffliegerschule Faßberg*
	den Horst.
7.30 Uhr	*startet Gr. 10 gem. Einsatzbefehl und kehrt mittags zum Tanken*
- 8.00 Uhr	*und Verpflegen zurück.*
	Startet nachmittags erneut und kehrt abends zurück, anschlie-
	ßend wird getankt.
8.00 Uhr	*fordert Major von der Lühe bei Flughafenbereich Langenhagen,*
	Major von Hammerstein, für den Fall des Eintreffens einer wei-
	teren Gruppe, eine Betriebsstoffkolonne an.
13.00 Uhr	*verläßt der Kommandeur der Gr. Kampffliegerschule den Horst.*
	Der Stabsoffizier des Fliegerhorstes Major z.D. von der Lühe
	übernimmt die Geschäfte des Fliegerhorstkommandanten. Zu-
	rück bleibt von der Gr. Kampffliegerschule der Nachrichtenoffi-
	zier, Major Achenbach, ferner ein Nachkommando unter Major
	Troll zur Übergabe der Unterkünfte usw. sowie Major Schlösser
	mit etwa 80 Mann der 1. Techn. Komp. zur ratenweisen Überfüh-
	rung der Flugzeuge der Gr. Kampffliegerschule.
	Zusammenarbeit mit Gruppe 10 und 11.F.B.K. vom ersten Tage
	ab reibungslos.
	Nachmittags wird Gruppe 10 von der weißen Baracke nach Haus
	32 verlegt. Tarnungsarbeiten durch Malen der Vorfelder der
	Hallen fortgesetzt.
	Durch Radio wird bekannt, daß Angriffe der Engländer auf Wil-
	helmshaven und Cuxhafen [sic!] stattgefunden haben.
	Darauf ist gestriger Luftalarm zurückzuführen.
	Tag-S.-Hafen verbessert mit Hilfe von 1 Trekker und 2 Anhän-

gern den Weg zum Rollfeld.
Bemerkungen: Wetter: heiter, abends leichte Bewölkung. Ge-
sundheitszustand: gut.

6.9.1939

Gruppe 10 startet vormittags und nachmittags gem. Einsatzbe-
fehl des L.G.Kdos. XI. 11.F.B.K. zieht vormittags aus der roten
Baracke aus und zwar nach Haus 30 u. 31.
Gr. Kampffliegerschule übergibt Unterkunft an Gruppe Verwal-
tung.

Nachmittags *11. F.B.K. beginnt gem. Verfügung des Fl.H.Ber.Kdos. mit Auf-*
lockern der Bestände an Abwurfmunition durch Aufstapeln am
Rande des Rollfeldes Trauen.
Tag-S.-Hafen setzt Arbeiten zur Wegeverbesserung fort.
Bemerkungen: Wetter: heiter, vorm. leichte Ostwinde. Gesund-
heitszustand: gut.

7.9.1939

Vor- und nachmittags Einsatz der Gruppe 10 gem. Einsatzbefehl
des L.G.Kdos. XI
11. F.B.K. setzt Auflockerung der Munitionsbestände fort.

10.00 Uhr *verläßt Major Troll mit Nachkommando den Horst.*
Zurückgebliebene Flugzeuge der Gr. Kampffliegerschule werden
nach Bad Vöslau bei Wien überführt.
Es trofft [sic!] weitere Abwurfmunition in Waggons ein.
Bemerkungen: Wetter: heiter, warm, leichte Bewölkung. Ge-
sundheitszustand: gut.

Anlage 4

Am 22. November 1939 schickte der Flieger Peter Thormählen Feldpost nach Bredstedt im
Kreis Husum. Politik und Weltgeschehen spielten keine Rolle:[248]

Feldpost / FASSBERG über UNTERLÜSS 22.11.39.-10
Herrn Dr. Ritscher
Bahnhofstr. N. 26
Bredstedt
Kreis Husum

Abs. Flieger Peter Thormählen
Landesschützen-Lehrgang
Fliegerhorst – Faßberg
Faßberg über Unterlüß

Die schönsten Grüße von hier erlaubt sich, Ihnen zusenden Flieger Thormählen.
Haben hier einen strammen Dienst, den wir aber bald wieder hinter uns haben.
Denke doch daß wir bald wieder nach Bredstedt zurückkehren werden. Sollte es
Ihnen dann recht sein würde ich wieder zu Ihnen kommen.

Anlage 5

Liste der bei den Bombenangriffen am 4. April 1945 verletzten Soldaten und zivilen Mitarbeitern (Archiv der Gemeinde Faßberg)

Krankenrevier Fassberg *Fassberg, den 5.4.1945*
Der Lw.-San.-Staffel Fassberg *Nebenanschl.: 213*

Liste der bei den befindlichen Bombenangriffen auf den Fliegerhorst Fassberg
am 4.4.45 verwundeten Soldaten, Wm.-Helf. und ziv. Gefm.

1.)	*Uffz. Alois Herrmann*	*Flg.Techn.Sch. 1*
	geb. 3.5.97	
	Lungenschuß (Verletzung und Splitterverlet-	
	zungen im Rücken)	
	Überführt ins Res.-Laz.-Bergen. Auf dem	
	Transport verstorben.	
2.)	*Feldw. Gottlieb Wutke,*	*3./Flg.Techn.Sch.2*
	geb. 12.11.90	
	Leichte Verletzungen an der re. Hand.	
	Zur Truppe entlassen.	
3.)	*Uffz. Wilh. Rosenbrok*	*3./Flg.Techn.Sch.2*
	Splitter im re.Arm u.im li. Becken.	*geb. 23.2.14*
	Überführt ins Res.-Laz.-Bergen	
4.)	*Uffz. Oskar Wirth*	*3./Flg.Techn.Sch.2*
	geb. 11.8.00	
	Splitterverletzung am re. äußeren Fußknö-	
	chel	
	Überführt ins Res.-Laz.-Bergen.	
5.)	*Flg.-Ing. Klaus Schaffner*	*OHL, Chef, T.L.R.*
	geb. 11.2.22	
	Verletzungen am li.Fuß. Splitterwirkungen	
	Schulter u.Rücken.	
	Überführt ins Res.-Laz.-Bergen	
6.)	*Stabsgefr. Theodor Horstkemper*	*1./S.G.103*
	geb. 11.8.14	
	Splitterverletzung oberhalb	
	d.li.Beckenschaufel	
	Überführt ins Res.-Laz.-Bergen.	
7.)	*Oberfeldw. Otto Gödecke*	*Horstkompanie*
	geb. 5.12.92	
	Splitterverletzung re. Unterschenkel	
	Überführt ins Res.-Laz.-Munster	
8.)	*Obergefr. Manfred Hahn*	*E.Kdtr. Petsamo 211/III*
	Brustprellung, Prellung d.re.Wade.	
	Zur Truppe entlassen.	
9.)	*Gefr. Walter Pförter*	*E.Kdtr. Petsamo 211/III*
	Rückenprellung. Zur Truppe entlassen.	

10.)	*Obergefr. Hirsch, Heinz*	*E.Kdtr. Petsamo 211/III*
	geb. 22.5.22	
	Bauchschuß und Augenverletzung.	
	Überführt ins Res.-Laz.-Munster	*Landesschützenzug 347/XI*
11.)	*Uffz. Otto Mönkeberg*	
	geb. 23.8.97	
	2 Steckschüsse re. Fuß	
	Überführt ins Res.-Laz.-Munster	*Flg.Techn.Sch. 1*
12.)	*Obergefr. Rudolf Hirth*	
	geb. 26.6.04	
13.)	*Schußbruch li. Unterschenkel*	
	Überführt ins Res.-Laz.-Celle	*Flg.Techn.Sch.1*
	Flg. Franz Heimlich	
	geb. 3.9.07	
	Splitterverletzung i.Kreuz, Schulter, Hals, Kopf.	
	Überführt ins Res.-Laz.-Celle	*2./Flg.Techn.Sch.2*
14.)	*Wm.-Helferin Liselotte Diederich*	
	geb. 21.4.24	
	Splitter im li. Fuß	
	Stationäre Behandlung i. Krankenrevier	
	Fassberg.	*Horstkompanie*
15.)	*Wm.-Helferin Helene Kowald*	
	geb. 25.12.00	
	Splitter i.re. Arm und im Rücken	
	Überführt ins Res.-Laz.-Celle	*N.J.G. 4 / 8.Staffel*
16.)	*Ln.-Helferin Moschall, Erna*	
	geb. 18.8.21	
	Schußbruch re. Oberarm	
	Überführt ins Res.-Laz.-Celle	*Gr.Verw.Flg.H.Fassberg*
17.)	*Ziv.Gefm. Christian Wolff*	
	geb. 12.4.13	
	Verletzung am re.Unterarm, Kniedurchschuß.	
	In die Wohnung, Siedlung Fassberg, zur weiteren Behandlung entlassen.	*Gr.Verw.Flg.H.Fassberg*
18.)	*Ziv.Gefm. Jakob Dietlemann*	
	geb. 27.9.11 (Holländer)	
	Rißwunden in der Kopfhaut.	
	Zur Dienststelle entlassen.	

v. Stuhler
Stabsarzt(Kr.O.)u.Staffelführer.

Anlage 6

Brief von Theodor Richter an seine Tanten über die Ereignisse in Faßberg in den beiden Wochen vor Kriegsende vom 4. November 1951 (Archiv der Gemeinde Faßberg)

Anfang Februar 1945 verlegte unsere Wischauer Fliegertechnische Schule 5 nach Faßberg. Ich war noch einmal 24 Stunden in Brünn, dann fuhr unser Transport durch Brünn, damals sprach ich telefonisch noch mit Mutti das letzte Mal für fast 3 Jahre. Der Transport ging anstandslos vonstatten und erreichte nach etwa 30stündiger Fahrt Faßberg. Hier oblag ich in praktisch friedensmäßigen Verhältnissen meiner Aufgabe, die Betriebsanleitung für den neuen Höhenjäger Ta 152 fertigzustellen. Zum 1. April 1945 wurde ich nach Bad Eilsen befohlen, ein Herr vom RLM war auch da, ich sollte in meine neue Aufgabe als Bevollmächtigter für die technische Literatur (Betriebsanleitungen u.s.f.) bei Focke Wulf eingeführt werden. Da gab es am Abend des 31. März (Gründonnerstag) Panzeralarm in Bad Eilsen. Alles war sinnlos geworden. Ich fuhr am 1.4. mit dem Herrn vom RLM zurück zu meiner Dienststelle. Von Hermannsburg ging ich durch die Heide an einem herrlichen Frühlingstag nach Faßberg, da der Zug nicht weiter ging. Wie oft bin ich diesen Weg nachher, etwa 7 Monate später gegangen. Manch trübe Gedanken gingen mir damals durch den Kopf. In Faßberg wurde mir etwa am 10. April eine Versetzung mit Marschbefehl nach Gardelegen zu den Fallschirmjägern in die Hand gedrückt. Die Tage vorher hatte ich mit Sprengung von Turbinentriebwerken, die nicht in Feindeshand fallen sollten zugebracht. Das ist ein trauriges Geschäft, wenn man so das Eigene zerstören muß. Außerdem war ich das erste Mal in meinem Leben Offizier vom Horstdienst. Ausgerechnet mußte während meiner Dienstzeit der erste Angriff auf Faßberg geflogen werden. Es waren etwa 7 Tote zu beklagen.

Mit dem Tage des Marschbefehls nach Gardelegen begann eine Kette merkwürdiger „Zufälle". Als ich abends die Meldung über die Zerstörung der Turbinentriebwerke nach Faßberg zu unserem Oberst brachte und die Marschbefehle für meinen vorgesetzten Stabsingenieur und mich abholte, geriet ich auf Rückfahrt nach Dethlingen, wo die Sprengungen stattfanden, in einen Morast und stürzte. Ich war halb schwarz halb blau. Der Stabsingenieur fuhr früh um 5 Uhr mit dem Rade fort (Ziel Wittingau in Südböhmen). Ich wollte ursprünglich mit, aber mit einer so schmutzigen Uniform, der einzigen, die ich hatte, wollte ich nicht los. Ich wusch sie. Etwa um 8 Uhr war sie dann einigermaßen trocken. Die Außenstelle Dethlingen war sozusagen verlassen. Ich kleidete mich an. Dann traf ich einen Feldwebel, der mir die Nachricht überbrachte, daß niemand Faßberg verlassen dürfe, da es „Festung" wäre. Ich fuhr nach Faßberg, um zu fragen, was ich machen solle, ich hatte ja einen Marschbefehl, aber durfte ich weg? Man sagte mir, daß ich an sich weg könnte, man würde sich nicht daran stoßen. Da meinte ich, wenn alle meine Leute bleiben mußten, würde ich auch bleiben, besser als ganz in der Fremde zu fremden Einheiten zu kommen. Nun erhielt ich die Aufgabe 6 m³ H_2O_2 (Wasserstoffsuperoxyd) zu vernichten. Dies geschah durch Ablassen in die Oertze. Es war wohl die interessanteste Nacht meiner Militärzeit. Das Wasserstoffsuperoxyd war hochkonzentriert. Wenn es organische Stoffe benetzte, fingen sie sofort Feuer. Der mir zugeteilte Feldwebel meldete sich *etwa um 6 Uhr abends, doch hatte er noch nicht gegessen. Ich schickte ihn wieder fort, er solle mich nach dem Essen ablösen, inzwischen war ich alleine. Er kam erst nach 12 Uhr Mitternacht wieder. Ich öffnete ohne jede Schutzbekleidung einen Behälter nach dem anderen und ließ vorsichtig die Flüssigkeit ausströmen. Die sich entwickelnden Dämpfe erzeugten einen die Augen schrecklich verätzenden Nebel. Die Rohrleitung zur Oertze hatte undichte Stellen, durch die Flüssigkeit in den Waldboden eindrang.*

Überall brannten helle weiße Flammen aus dem Waldboden. Ich lief dauernd um Wasser aus der Oertze, um sie zu löschen. Die ganze Oertze brodelte. Die Fische Oertze abwärts haben sicher jahrelang keine Halsschmerzen mehr bekommen. Die Infanterieposten an der Straße unten riefen, ich solle die Feuer wegen der feindlichen Jagdbomber löschen. Eine sehr sinnvolle Aufforderung. Nur können!

Nach Mitternacht löste mich der Feldwebel ab. Ich fuhr in meine Unterkunft, konnte aber vor Weinen und Schmerzen in den Augen kaum schlafen. Früh um 7 Uhr mußten wir alle in die Luftschutzräume, es wurde etwa 5 km entfernt (bei Gerdehaus) Sondermunition gesprengt. Die Detonationen dieser für den Englandeinsatz bestimmt gewesenen Sonderbomben waren so heftig, daß bei uns nicht geöffnete Türen aus den Füllungen gerissen wurden und fast alle Dächer abgedeckt wurden. Dann verbrannte ich noch einen kleinen Holzjäger (Me 153) und Waltertriebwerke und dann verdichtete sich das Schicksal Faßbergs.

Überall sah man nachts die Waldbrände in der Lüneburger Heide. Ich wurde einem Bataillon zugeteilt, das im Osten von Faßberg lag, mußte in meiner Kompanie, der ich zugeteilt war, die in einem niedersächsischen Bauernhof in Schmarbeck lag, Unterricht über die Panzerfaust halten und habe noch den Abend mit dem großen königlichen Bauern, dem lieben Stabsingenieur v. Grancy, in lebhafter Erinnerung. In der nächsten Nacht mußten wir nach Süden von Faßberg, denn die Amerikaner (Canadier) griffen von hier an und hatten Müden (Oertze) eingenommen. Nun wurde es ernst ...

Ebenso bat ich um die Kraft, dem Eide und meiner Aufgabe treu zu bleiben. So harrte ich mit meinem österreichischen Karabiner und einer Panzerfaust bewaffnet der kommenden Ereignisse. Eine Panzerfaust hatte ich in der Aufregung am Stadtrand von Faßberg liegen gelassen, so hatte ich noch eine, als wir unsere Stellung an der Brücke gegen Müden nicht mehr einnehmen konnten, da die canadischen Panzer diese Stelle stark unter Feuer nahmen. Wir schanzten im Walde. Um 12 Uhr erhielten wir Befehl in 3 Wellen, unsere Kompanie als dritte Welle gegen Poitzen vorzustoßen, das von mehreren canadischen Panzern besetzt war. Wir erhielten unerwartet Feuer, es waren zwei Panzer. Der sudetendeutsche Führer unserer Kompanie Hauptmann Beilner wurde schwer verletzt. Ein Mann des 1. Zuges sprang auf, lief dem Panzer entgegen und schoss eine Panzerfaust ab, traf jedoch nicht. Der Panzer stoppte. Er stand genau vor mir etwa 50 m entfernt von mir, ich in seiner Flanke. Nun schoß ich und traf, jedoch nicht vernichtend. Als er sich noch rührte und gegen uns wendete, sagte ich zu unserem Zug: „Nun aber zurück("), zumal ein zweiter Panzer dabei war. Mein

Brotbeutel brannte, mein Gewehrkolben war zertrümmert. Alles verflog sich. Ein Obergefreiter half mir meine Uniform und den Brotbeutel zu löschen. 2 Werkmeister waren noch bei mir. Dann kam der Reste der 2. Kompanie zurück, dem wir uns anschlossen. Beim Überqueren der Straße am südlichen Rand von Faßberg verloren wir uns, als wir wieder Feuer bekamen. Nur die Werkmeister und ich blieben in dem Kiefernjungwald. Wir warteten nun der kommenden Ereignisse. Die beiden Werkmeister versuchten sich zu verschanzen. Ich sagte, daß das ja doch keinen Zweck hat und blieb ohne zu schanzen, hatte auch keine Schaufel. Meine einzige Waffe war eine 7,65 mm Pistole.

Nun fuhr ein Panzer auf der Straße vielleicht 20 m von uns entfernt auf und streute den Jungwald mit MG ab. Wenn das Feuer zu nah kam, sprang ich ein Stück weiter und so fort, um mich brannte alles von der Phosphormunition. Deutlich sah man durch die Waberlohe den Turm des feindlichen Panzer(s). Hätte ich eine Panzerfaust gehabt, er wäre bestimmt erledigt gewesen.

Deutlich hörte man die Engländer sprechen. Dann rasselten die Ketten des Panzers, wird er vielleicht auf mich zu walzen? Nein er fuhr fort. Stille. Die Werkmeister waren nun auch fort. Ich ging zurück oder vor, ich weiß nicht, wo vorn in diesem Augenblick war und versteckte mich in einer Bodenrinne unter einer weitausladenden Fichte. Ein neuer Panzer rollte nicht weit entfernt im Süden vorbei, ohne mich zu sehen. Deutsche Stimmen. Frauen und Männer, die aus dem Dorf kamen, um den Heidebrand zu löschen. Meine Wäscherin war dabei. Ich fragte nach der Lage und sagte den Leuten, sie sollten nach dem Kampfplatz an der Poitzener Straße schauen, ob Verwundete da lägen. Ich selber wollte die Nacht abwarten und dann versuchen in Richtung Lüneburg wieder die deutschen Linien zu erreichen.

Herr v. Grancy, der vor mir von der Poitzener Straße gegen Norden gelaufen war, den ich jedoch nicht erreichen konnte, war wieder an die Kampfstelle zurückgekehrt, wohl um zu schauen, ob jemand von uns verletzt wäre. Da traf er Herrn Obering. Schäfer und Herrn Oberwerkmeister (?). Von diesem erfuhr ich nachher, daß 6 canadische Panzer mit aufgesessener Infanterie mit Maschinengewehren Herrn v. Grancy tödlich und Herrn Schäfer schwer (Lungenschuß) trafen. Herr Schäfer kam in ein Lazarett und wurde wiederhergestellt.

In der Nacht machte ich mich auf den Weg über die Schneiße, in der unsere Flugzeuge abgestellt und gesprengt waren, rechts und links brannte der Wald. Taghell war alles beleuchtet. Gespenstisch huschten die Schatten. Das Feuer knisterte, Totenstille. Wird ein Maschinengewehr vielleicht aufhämmern? Ich komme an die Ecke zum Rollfeld. Hier sind doch bestimmt feindliche Posten. Nein alles ist ruhig, ich gehe quer über das Rollfeld nach Norden. Panzer rollen, dann Stille. Ich komme zu einer großen Scheune und bin müde und hungrig. Ich habe nichts zu essen und tagsüber wenig gegessen. Soll ich die Nacht noch weiter, nein! Ich lege mich auf den Boden der Scheune und schlafe. In der Morgenkühle erwache ich und gehe weiter. Ich komme ins große Moor, gut, daß ich nachts nicht weiterging. Auf den Moorpfaden geht es immer weiter nordwärts. Ich wasche und rasiere mich in einem Wassergraben. Dann weiter. Auf einem

„Promenadenweg" schreite ich rüstig aus. Alles ist friedlich. Da hört man Fahrzeuglärm immer näher kommen. Ob es deutsche Truppen sind? Ich trete in eine Reisighütte, die von russischen Kriegsgefangenen gebaut war etwa 3 m von der Straße und sehe endlose Kolonnen canadischer Fahrzeuge. Über die Straße kann man jetzt um 12 Uhr Mittag nicht. Ich gehe in den Ort und frage eine Frau nach der Lage und nach den Namen des Ortes. Richtung Brockhöfe wäre vielleicht noch eine Lücke. Wegen der Gasmuna Dethlingen und der Gasmunitionslager in Oerrel hatte sich der Norden von Faßberg kampflos ergeben. Ein Irrsinn Faßberg zu verteidigen. Ich wollte bis zum Abend warten. Ich legte mich zwischen 2 Kuschelreihen und schlief ein. Da kommt ein kleiner weißer Hund und ein MP – und ein MG-Lauf „Hands up".

Man hatte mich gefunden, ich hatte in meinen Stahlhelm mein Taschentuch gelegt, entschlossen keinen Widerstand zu leisten, wenn man mich fand. Es war doch sinnlos. Nun nahm man mir vor der Pistole die Uhr ab und schaffte mich nach Brockhöfe. Hier war ein großes Sammellager, wo schon fast alle Faßberger versammelt waren. Nur v. Grancy fehlte und noch manch tüchtiger Soldat, so der Sanitätsobergefreite, der Herrn Hauptmann Beilner zurückgeschafft und verbunden hatte. Er wurde trotz seiner Armbinde hinterrücks von Canadiern erschossen.

Anlage 7

August Bruns: „Vor 30 Jahren", in: Der Knüppel – Mitteilungsblatt für die Samtgemeinde Faßberg, Nr. 7/75, 2. April 1975, S. 1 f. (Archiv der Gemeinde Faßberg)

Vor 30 Jahren

Die Dienststelle der Flugleitung in Halle 12 war während des Krieges mit den Unteroffizieren Jakob Müller, Otto Germershausen und Franz Laufenberg, fünf bis sechs Mannschaften und vier Nachrichtenhelferinnen besetzt. Dienststellenleiter war Hauptmann Karl Witthöft, im Zivilberuf Fluglehrer, ein ruhiger, besonnener Mann, großzügig und mit einer guten Portion Zivilcourage, die zu beweisen er oft Gelegenheit hatte. Er war immer für seine Leute da. Wenn Jakob Müller aufgeregt zu ihm kam, weil über das Wochenende nur drei oder vier Mann einsatzbereit waren; denn der Hauptmann hatte zwei seiner Soldaten zuviel Urlaub bewilligt, dann war seine Antwort: „Wenn Sie nicht zurecht kommen, rufen Sie mich an, dann komme ich rauf (er wohnte im Jägerweg) und baue den Leuchtpfad mit auf.

Ja, den Leuchtpfad auf- und abbauen, rote, grüne und weiße Panzerlampen, die durch ein Kabel miteinander verbunden waren, Bordbücher abfertigen, Flugmeldungen durchgeben, jeden Start und jede Landung aufschreiben, für einen guten Zustand des Rollfeldes zu sorgen und nachts vom Turm der Halle 12 aus den Luftraum beobachten und abhorchen, bei Nachteinsätzen das Rollfeld aufhellen (trotz der Feindflugzeuge in der Luft), das war der normale Ablauf, sofern man im Krieg überhaupt von „normal" sprechen konnte, unseres 24stündigen Dienstes. Dieser Rhythmus wurde unterbrochen bei „Flugzeug in Luftnot", Fliegeralarm und durch Feindeinflüge mit Bordwaffenbeschuß. Letzterer auf die am Rollfeldrand abgestellten Flugzeuge. So brannten an einem frühen Morgen Anfang 1945 sechs bis acht He 177 aus! Aber davon wollte ich nicht erzählen, sondern von den letzten Tagen des 14., 15. und 16. April, die sich jetzt zum 30. Male jähren.

Durch die Besetzung großer Gebiete durch die alliierten Streitkräfte waren viele Flugleiter dieser verlorengegangenen Fliegerhorste bei uns in Halle 12 und warteten auf ihre Wiederverwendung. Zu dem vorhandenen Stammpersonal waren 2 Majore, 3 bis 4 Hauptleute und weitere 4 Oberfeldwebel hinzugekommen. Mit den Offizieren und Beamten der Wetterwarte, zu denen aus gleichem Grunde mehrere Oberregierungsräte gestoßen waren, mögen es wohl 20 Personen zusätzlich gewesen sein.

Am 13. oder 14. April hatte ein kleiner Feindverband nur eben mal so einen Bombenteppich auf das Rollfeld gelegt. Schaden wurde aber nicht groß angerichtet, nur der Platz war unbewohnbar geworden. Dienst im alten Sinne wurde nicht mehr gemacht, jeder spürte, daß es dem Ende zuging. Wir „gammelten" herum, allerdings war dieser Ausdruck damals noch nicht modern. Im Zwielicht der Dämmerung des 14. April tauchte plötzlich ein Flugzeug auf, das aus der Richtung der Dreilinger-Schneise nach Südwesten zum sogenannten U-Teil hin zur Landung ansetzte. Das U-Teil wird von den Hallen 7, 8, 9 und 10 gebildet. Diese Richtung war damals die Haupt-Start- und Lande-Bahn. Von Halle 1 in

Richtung „Trauener Feld" wurde damals kaum geflogen, denn hinter der Ringstraße, die um das Rollfeld führte, fing überall gleich Hochwald an und zum „Trauener-Feld" war nur eine schmale Schneise geschlagen, eigens für die He 177, die Lastensegler und die ersten Me mit Strahltriebwerken.

Das fremde Flugzeug schwebte zur Landung ein. Wir waren alle vor Schreck und Überraschung so erstarrt, daß wir keine Warnsignale gaben. Es wäre auch zwecklos gewesen, denn das Flugzeug konnte nicht mehr durchstarten. Die Maschine setzte auf, rollte durch das Trichterfeld in Richtung U-Teil. Wir unternahmen immer noch nichts, vielleicht auch vor der Unfaßbarkeit, daß dem Flugzeug nichts geschehen war. Uns blieb auch keine Zeit zu irgendwelchen Überlegungen, denn nun geschah das zweite Wunder. Das Flugzeug wendete und startete nach einigen Minuten durch das Trichterfeld wieder in Richtung Dreilinger-Schneise. Welche Gründe den Flugzeugführer bewogen haben mögen, wieder aufzusteigen? Wollte er auf einem deutschen Platz landen und hielt Faßberg bereits für besetzt, wollte er auf einem englischen Platz landen und bemerkte seinen Irrtum? Wir haben es nie erfahren, Flugzeugtyp und Nationalität haben wir wegen der einbrechenden Dunkelheit nicht feststellen können. Selbst in der Erinnerung hält mich das Geschehen noch gefangen, als sei es die Erscheinung des „Fliegenden Holländers" gewesen. Dazu geschahen in diesen Tagen laut „höchstem Befehl" so viele Unsinnigkeiten; die Brücken in Müden, Poitzen und Hankenbostel wurden gesprengt.

Der 14. und 15. April 1945 waren Tage wie aus dem Bilderbuch, sonnig, warm, und es roch nach Frühling. Das Grollen von Geschützen und das gleichmäßige Dröhnen schwerer Fahrzeuge machte uns aber die drohende Gefahr bewußt. Der „Held" der letzten Tage war ein junger Pionierleutnant, der nicht nur die bei Schmarbeck ausgelagerten Luftminen sprengte. Das hatte zur Folge, daß in Faßberg und Schmarbeck fast alle Dächer abgedeckt wurden, die Fenster zerbrachen, Zwischenwände stürzten ein und vieles mehr. Einige besonnene Männer aber verhinderten die Zerstörung des Wasserwerkes, der Notstromanlagen, die Sprengung der Hallen und anderer technischer Einrichtungen auf dem Fliegerhorst.

Am Abend des 15. April, als der Alarm der anrückenden Front immer stärker wurde, ging ich mit Hauptmann Witthöft auf das Dach der Halle 12 (der Tower wurde erst später aufgestockt). Von dort hatte man einen ziemlichen Rundblick. Wir sahen, daß es in den umliegenden Wäldern bei Lutterloh, Hermannsburg und im Lüß brannte. In nächster Nähe stand das Gebäude der Feuerwehr in hellen Flammen. Wir standen schweigend und erschüttert, und Karl Witthöft, Kampfflieger aus dem ersten Weltkrieg mit vielen Auszeichnungen, sagte: „Welch ein Wahnsinn! Ich wünsche Ihnen und Ihren Kindern, daß Sie nie wieder einen Krieg erleben müssen!"

Es war eine gespenstische letzte Nacht auf dem Fliegerhorst, der schon von allen Truppenteilen verlassen war. Der nächste Morgen, der 16. April, zeigte wieder einen strahlenden Frühlingstag. Lange Überlegungen, was tun? Karl Witthöft winkte vieren von unserem alten Stammpersonal: „Mitkommen!" Er führte *uns hinter Halle 11 und 10 zu den Schießständen und meinte: „Hier sind wir erst mal sicher." Irgend jemand hatte eine Flasche „Klaren" dabei, ich selbst mehrere Schachteln „Attika", die Lieblingsmarke unseres Chefs. Wenn nicht die Sorgen um die nächsten Stunden gewesen wären, hätte man fast sagen können, es sei gemütlich gewesen. Es mag dann wohl gegen Mittag gewesen sein. Wir hatten uns inzwischen von den Schießständen in Richtung Trauen begeben und lagen dort in der Heide, als plötzlich – keine 30 Meter von uns – ein langer Zug abgekämpfter Soldaten vorbeizog. Wir glaubten, khakifarbene Uniformen zu sehen. Hauptmann Witthöft sagte: „Das ist jetzt meine Sache." Er knöpfte sich den Uniformrock auf, ging auf den Zug zu und rief „Hallo". Die Soldaten richteten blitzschnell ihre Maschinenpistolen auf ihn, schossen aber nicht, sondern – wieder unfaßbar für uns – sie nickten nur, und ohne etwas zu sagen, zogen sie weiter ihres Weges. Später haben wir erfahren, daß es Soldaten der ungarischen SS waren, die in Wolthausen, Müden und Poitzen auf unserer Seite gekämpft hatten.*

Am Nachmittag gingen wir zur Flugleitung zurück. Bei den ersten Unterkünften (Haus 1-6) standen mehrere Pferde, die von einigen Soldaten betreut wurden, und etwas abseits auch Wagen. Wenn wir nur die Ursache des laufenden Grollens und Dröhnens gewußt hätten! Vom Rundbau der Flugleitung aus sahen wir es dann: Eine endlose Kette Panzer an Panzer rollten vom Postgebäude her nach rechts an Halle 2 und 1 und dem Peilerhäuschen vorbei in Richtung Dreilingen. Sie waren größtenteils über Poitzen, den heute gutausgebauten Verbindungsweg benutzend, gekommen.

Der Vorschlag noch länger in Halle 12 zu bleiben oder dort sogar zu übernachten, wurde verworfen. Wir wollten in Anbetracht der Lage in Gefangenschaft gehen ... So zogen wir, 6 Soldaten, Unteroffiziere, Offiziere bis zum Major, Oberregierungsräte u. a. insgesamt 16 Mann, ein weißes Fähnchen schwenkend, von Halle 12 schräg über das U-Teil des Rollfeldes, mit klopfenden Herzen auf die Panzerkolonne zu. Würden sie schießen? Es ging alles gut! Im Gegenteil, die aus dem Turm des Panzers schauenden Soldaten (es waren viele Farbige dabei) sagten mit dem Daumen nach hinten weisend: „Go on, go on, go home!" Das „Go home" gefiel uns, und wir Ortsansässigen faßten wohl im Stillen, jeder für sich, bereits einen Entschluß.

Vor Haus 24 stand ein ausgebrannter Sanker und vor der Tür stand Dr. Friedrich Schäfer, unser Zahnarzt, der auf dem Fliegerhorst als Arzt eingesetzt war. Auf meine Bitte, meine Frau zu grüßen und ihr zu sagen, daß wir gesund seien und in Gefangenschaft gingen, antwortete er: „Tun sie das gleiche, denn sie werden früher zu Hause sein." Unser Trupp ging aus der Wache die Große Horststraße Richtung Siedlung. An der Ecke Jägerweg faßte Karl Witthöft zwei Kameraden am Ärmel und zog sie mit sich. „Go home ist richtig", sagte er. Und zu uns: „Macht, daß ihr schnell nach Hause kommt." Auch mein Entschluß stand fest. Sechs Kameraden konnte ich unterbringen. An der Ecke Speckhan (jetzt Gosewisch) standen etwa 30 Soldaten, viele Bekannte, meist Feuerwehrleute. Ich redete einem Regierungsrat von der Wetterwarte zu, der mir sehr sympathisch war, zu Dr. Herfurtner zu gehen – 150 Meter rechts – dort würde er aufgenommen werden. Der Beamte war Oberstudienrat – ein Dr. S. aus Seesen (seinen Namen habe ich leider vergessen). Er konnte sich aber nicht entschließen, er hatte keinen Mut, und alles Zureden half nichts. Wir mußten uns beeilen. Kaum war ich mit den sechs Kameraden dort, wo die Post steht, da sahen wir, wie die Männer der ganzen Gruppe, die unschlüssig an der Ecke standen, auf einen LKW aufsteigen mußten und abfuhren.

Die Nachbarn nahmen meine Kameraden gern auf, die eigenen Männer waren ja noch fast alle im Feld und wegen der unsicheren Lage – plündernde Russen und Polen wurden aus der Umgegend gemeldet – und auf dem Fliegerhorst war eine Gruppe Italiener, über deren Haltung keine Klarheit bestand – war männlicher Schutz willkommen. Alle machten sich nützlich. Als erstes wurden die Schäden von der Sprengung, so gut es ging, beseitigt und in den nächsten Tagen ein Streifendienst zum Selbstschutz organisiert. Nach ungefähr 14 Tagen – es war Kriegsschluß und die Straßen schienen sicherer – hielt es keinen mehr in Faßberg, sie wollten zu ihren Familien, und die Kameraden machten sich auf den Weg in die Heimat. Bresser – ein Hüne von Kerl (er war Tanzlehrer), – ging nach Bremen, Fritz Apel (Buchhalter) nach Zwischenahn, Hanso (ohne Beruf) nach Bützfleeth, Fietje Grein von der Wetterwarte (Gewerbelehrer) nach Hamburg und so weiter. Es wurde für sie eine wahre Odyssee. Bresser wurde in Bremen vor seiner Haustür festgenommen und die anderen kurz vor Soltau bei der Abzweigung der Landesstraße nach Lüneburg. Alle waren 12 bis 14 Monate im Gefangenenlager Munster. – Aber das ist eine andere Geschichte.

A. B.

– – –

PS. Drei Jahre später – es war im August 1948 – klopfte es an meiner Tür. „Willkommen, Herr Dr. S." „Sie kennen mich noch? Wissen Sie, über drei lange, lange Jahre habe ich mich täglich gefragt, warum ich Ihren Rat, nach Dr. Herfurtner zu gehen, nicht befolgt habe. Es ließ mir keine Ruhe, ich bin extra aus Seesen gekommen, um Ihnen zu sagen, daß ich jetzt endlich vor 14 Tagen aus französischer Kriegsgefangenschaft heimgekommen bin."

Anlage 8

Aufruf von Bürgermeister Hugo Weisner an die Faßberger Bevölkerung vom 25. Mai 1945
(Archiv der Gemeinde Faßberg)

Bürgermeister.   *Fassberg, den 25. Mai 1945*

Faßberger!

Die einschneidenden Veränderungen in Faßberg geben mir Veranlassung, Ihnen einmal kurz aufzuzeichnen, was in Faßberg vor sich geht. Ich hoffe damit, unverantwortlichen Angriffen auf meine Mitarbeiter auch die Spitze abzubrechen und das erforderliche Vertrauen zu festigen.

Wer mit offener Einsatzbereitschaft die Wochen seit der Besetzung durchlebt hat, weiß, dass es nur den verantwortungsbewussten Männern zu danken ist, dass in Fassberg heute fast Friedensverhältnisse herrschen. Die nachstehenden Aufzeichnungen sollen dazu dienen, Ihnen nur auszugsweise die ungeheure Arbeitslast der letzten Wochen nachzuweisen.

Alle Anordnungen und Wünsche der Militärregierung mussten erfüllt werden, und es war schwer, Vertrauen für diese Arbeit zu gewinnen. Nur heute wird dieses Vertrauen durch Lumpen gestört. Es ist Pflicht eines jeden Fassberger's, alles zu tun, um Ruhe und Würde zu wahren.

Es gibt keine Gemeinde im Landkreise, die ihren Arbeitsdienst vom ersten Tage an bezahlen konnte. Als ich mein Amt antrat, stand ich vor einer fast leeren Kasse. Um den notwendigen Bedarf zu decken, sind monatlich zu beschaffen

für die verschiedensten Aufgaben	
(vornehmlich für den Arbeitseinsatz)	*32. 000.-- Rmk. und*
für die soziale Betreuung der Bevölkerung	*12. 000.-- "*
insgesamt :	*44. 000.-- "*

Die Landwirtschaft musste im Interesse der Ernährung schnellstens in Gang gesetzt werden. Die früheren Gebäude konnten nicht mehr benutzt werden. Wohin damit ? Sie wissen es heute. Aber unendliche Kleinarbeit gehörte dazu, um das Werk gelingen zu lassen.

Die gesamten Auslagerungen des Horstes mussten wieder zusammengetragen werden. Belsen verlangte schnellstens seine geforderten Sachen. Wir haben 6 Lastzüge Bekleidung nach Belsen geliefert.

Die vom Horst in der Umgegend von Kohlenbissen ausgelagerten Baracken und Geräte waren der Vernichtung preisgegeben, und es durfte keine Stunde verlorengehen, um zu retten, was zu retten war. Der Gouverneur gab nach langwierigen Verhandlungen seine Genehmigung zur Verwertung durch die Gemeinde. Der bis jetzt vorgenommene Verkauf von Werten brachte die runde Summe von Rmk. 80.000.--.

Unsere gesamten Wohnhäuser(,) von den Minensprengungen stark mitgenommen, sind zunächst durch improvisierende Massnahmen bewohnbar gemacht. Der gesamte Besitz des Reiches und der Wohnbaugesellschaften ist von mir als

Treuhänder übernommen. Die Hausmeister Bruns, Hegemann und Miegel sind – jeder in seiner Siedlung – als verantwortliche Hausverwalter eingesetzt. Die Mieten müssen laufend bezahlt werden. Es sind Vorarbeiten im Gange, um alle Häuser wieder friedensmässig herzustellen. Im Herbst soll es kein Haus mehr geben, was nicht voll bewohnbar ist.

Die Existenz Fassberg's, die früher ausschliesslich durch den Horst gewährleistet wurde, muss neue Grundlagen erhalten. Noch ist es nicht an der Zeit, darüber zu sprechen. Es bedarf aber die Mitarbeit aller, um das Ziel zu erreichen. Abseitsstehende und Drohnen kann ich daher in Fassberg nicht dulden. Ich werde meine Rechte voll in Anspruch nehmen, um sie zu beseitigen. Was Fassberg braucht, sind aufbauwillige Kräfte.

Die Gemeinde ist durch das unglückliche Abhängigkeitsverhältnis zum Horst ohne öffentliche Unterkunft für Lagerungen, Werkstätten, Flüchtlinge, Krankenhaus usw. Es ist als ein Glück zu bezeichnen, dass wenigstens die Möglichkeit besteht, durch Auswertung von Baracken diese Unterkünfte zu schaffen.

Alle diese Dinge gehören dazu, um das Leben in Fassberg in ruhige Bahnen zu lenken. Ich brauche dafür aber Menschen, die begreifen, dass diese Massnahmen in ihrem eigenen Interesse geschehen. Alle politischen Mätzchen früherer Parteimitglieder oder Parteigegner und die dadurch entstehenden Reibereien sind zu verwerfen. Ich lasse hierzu einen Auszug aus einem Artikel des Oberbürgermeisters in Celle vom 22.Mai 45 folgen, dem ich nichts hinzuzufügen habe.

" Ich appelliere deshalb an die Vernunft und Einsicht meiner Mitbürger, indem ich Sie bitte, alles zu vermeiden, was auch nur im entferntesten als Widerstand oder gar Sabotage angesehen werden könnte. Der Oberste Befehlshaber der Alliierten Streitkräfte wünscht keine Verbrüderung, keinen persönlichen Verkehr der ihm unterstellten Offiziere und Mannschaften mit der Zivilbevölkerung. Ob es sich dabei um frühere Parteimitglieder, um Mitglieder der Widerstandsbewegung oder andere Nazigegner handelt, von denen es jetzt merkwürdigerweise überaus viele gibt, ist völlig gleichgültig. Nur wenn wir diese durchaus verständliche Zurückhaltung begreifen, und uns selbst einer würdigen Haltung befleissigen, überwinden wir mit der Zeit das uns durch das Verhalten der früheren Machthaber eingetragene Misstrauen des gesamten Auslandes. Ich bedauere sehr, nicht unerhebliche Teile der Einwohnerschaft darauf hinweisen zu müssen, dass wir den Krieg verloren haben und zwar gründlich, wie nie zuvor in der Geschichte des deutschen Volkes. Wir stehen vor einem Scherbenhaufen, wie man ihn nach den hochlabenden Worten einer aus dem Volke gekommenen und angeblich mit dem Volke engst verbundenen Regierung bei aller berechtigten Furcht und Besorgnis in den hinter uns liegenden Jahren nicht für möglich gehalten hätte. Das Erwachen war schrecklich und die Enttäuschung ist bei vielen Volksgenossen gross; sie fühlen sich betrogen und belogen. Mit solchen Empfindungen kommen wir aber nicht weiter und wir können es nun wirklich nicht leisten darüber noch weiter wochen- oder monatelang zu lamentieren. Jetzt kommt es darauf an, die Folgerung aus der Tatsache des verlorenen Krieges zu

ziehen und im Denken und Handeln sich dessen immer wieder bewusst zu sein, und zwar auf allen Gebieten.

Noch wehre ich mich gegen den Gedanken, dass es in unser Stadt Böswillige geben sollte, die ihrem "Führer" über den Tod hinaus die Treue halten und die Anordnungen der Militärregierung und meine Bemühungen, sie nach besten Kräften zu erfüllen, sabotieren wollen. Aber jeder, der noch so dumme Gerüchte, – wie z. B. auf den Gouverneur sei ein Anschlag verübt worden, fünf ehemalige K.Z.-Häftlinge habe man beim Plündern erschossen und ähnliches - weitertratscht, oder aus Bekanntmachungen genau das Gegenteil dessen herausliest, was tatsächlich darin steht, handelt damit gegen mein Bemühen, das Leben in der Stadt möglichst schnell wieder in ruhige Bahnen zu lenken, das ist ein Störenfried und wird in Zukunft als solcher behandelt werden.

Wer Gerüchte verbreitet, d. h. Mitteilungen anderen gegenüber macht, die er nicht zuvor sorgfältig auf ihre Richtigkeit hin geprüft hat, bringt Unruhe in die Bevölkerung. Vor solchen Elementen müssen alle aufbauwilligen Kräfte geschützt werden. Ich habe deswegen die Polizei angewiesen, unnachsichtlich jeden derartigen Unruhestifter dahin zu bringen, wohin er gehört: nämlich ins Gefängnis. Dort mag er dann in Ruhe darüber nachdenken, in welche gefahrvolle Lage er durch seine Schwatzhaftigkeit oder fehlgeleitete Phantasie seine Mitmenschen und unsere gesamte Stadt bringen kann.

Anlage 9

Tätigkeitsbericht von Bauingenieur Adam Winkenbach über den Verkauf von Baracken und Einrichtungsgegenständen vom 15. Juli 1945 (Archiv der Gemeinde Faßberg)

Tätigkeitsbericht !

Betr.: Verkauf von Baracken und Einrichtungsgegenständen.

Nach der Besetzung Faßbergs wurde ich von Herrn Bürgermeister Weisner mit der Verwertung der außerhalb des Fliegerhorstes Faßberg gelegenen Baracken und deren Einrichtungsgegenständen beauftragt. Hierzu gehörten auch die Barackenlager in Poitzen, Trauen, Dethlingen und Kohlenbissen, die Eigentum des Fliegerhorstes Faßberg der ehemaligen Deutschen Luftwaffe waren und nun in den Besitz der Besatzungstruppen übergegangen sind. Die Genehmigung zu der von Herrn Bürgermeister Weisner angeregten Maßnahme wurde von der RAF. In Faßberg, denn Herrn Militärgouverneuren von Celle und Soltau und von dem Herrn Kommandanten in Munster-Lager erteilt, wovon ich mich persönlich zu überzeugen mehrmals Gelegenheit hatte.

Meine Aufgabe umfaßte die Schätzung und Festsetzung des Verkaufswertes, die Verkaufsvermittlung, Ausfertigung der Kaufverträge und Einzug der Verkaufsbeträge.

Da es sich bei den wertvolleren Unterkunftsbaracken um zerlegbare Holzbauten, aus doppelten, mit einer Isolierung versehenen, Wandplatten, einem doppelten, isolierten Fußboden, einfachen, isolierten Deckenplatten und einfachen Dachplatten, die mit Dachpappe eingedeckt waren, handelte, ging ich bei der Schätzung von dem Neuwert für 1.00 m² bebauter Grundfläche aus. Den jeweiligen Verkaufswert auf Abbruch bezifferte ich mit 30 bis 40 % des Neuwertes, je nach Nutzungsdauer und baulichem Zustand der Baracke. Von dem so ermittelten rechnerischen Wert wurden die Gegenwerte der durch Kriegseinwirkungen entstandenen Beschädigungen, sowie die infolge Diebstahls fehlenden oder durchsinnlose Zerstörungswut unbrauchbar gewordene Bauteile abgesetzt, und der Verkaufswert gefunden, der die Verhandlungsbasis des Kaufabschlusses bildete.

Bei der Bewertung von Einrichtungsgegenständen habe ich zirka 60 bis 80 % des Neuwertes, je nach dem Zustand und der Nutzungsdauer angenommen und für evtl. Beschädigungen die mutmaßlichen Reparaturkosten von dem errechneten Betrage abgesetzt. Bis zur Unbrauchbarkeit beschädigte Gegenstände wurden in wenigen Fällen zum Materialwert abgegeben, wenn dafür Kaufliebhaber vorhanden waren.

Die Beträge der von mir getätigten Verkäufe habe ich der räumlichen Entfernung wegen meistens an Ort und Stelle in bar oder in Verrechnungsscheck eingezogen und dafür spezifizierte Interimsquittungen (im Durchschreibeverfahren) abgegeben. An Hand dieser Quittungen oder Bescheinigungen wurden die Einzahlungen bei der Amtskasse von mir vorgenommen und die Verträge für die größeren Verkäufe aufgestellt, die vom Bürgermeister und dem jeweiligen Käufer unterschrieben wurden.

Quittungen und Verträge wurden in dreifacher Fertigung ausgestellt, wovon der Käufer, die Amtskasse und ich je ein Exemplar erhielten.

In vorerwähnter Weise habe ich bislang Verkäufe in Höhe von ca. 180000,-- RM abgeschlossen und diesen Betrag, mit Ausnahme einiger Außenstände an die Amtskasse abgeführt. Alle diesbezüglichen Unterlagen befinden sich bei der Amtskasse.

Bei Abgabe der Baracken habe ich in erster Linie brandgeschädigte Bauern und Bombengeschädigte im Allgemeinen, sowie wichtige, zerstörte Gewerbebetriebe im Besonderen berücksichtigt.

Eine Anzahl der Käufer führe ich mit Namen und Wohnort nachfolgend auf:

Bauer	Rudolf	Henne	Poitzen	RM	6350.--
"	Marie	von Wieding	Kreutzen	"	7000.--
"	Elfriede	Bergmann	Reiningen	"	6600.--
"		Herrs	Trauen	"	6700.--
"	H.	Kohlmeyer	Reiningen	"	7880.--
"		Emmann	Dethlingen	"	5000.--
"	Fr.	Brammer	Reiningen	"	1500.--
"	Dietrich	Petersen	Wietzendorf	"	500.--
"	Wilhelm	Witthöft	"	"	1398.--
"	Friedrich	Brammer	Reiningen	"	1500.--
"	Fritz	Becker	Reddingen	"	2800.--
Tischlerei	Willi	Hestermann	Wietzendorf	"	4500.--
Bauer	Adam	Klimach	"	"	2000.--
"		von Melzing	Meltzingen	"	4800.--
"	Dora	Meyer	Müden/Oertze	"	1410.--
"		Niemann	Alten-Ebstorf	"	1655.--
"	Emil	Scheffler	Faßberg	"	2600.--
"	Willi	Schlote	Lührsbockel	"	1160.--
Schäfer	Heinrich	Schmücker	Hanstedt II	"	2600.--
Brandge.	Ottmar	Stermann	Wietzendorf	"	1000.--
Bauer	Johannes	Tewes	Reddingen	"	700.--
Fa.		Westholz	Munster	"	965.--
Bauer	Adam	Zacharias	Süreude	"	1900.--
Brandge.	Ernst	Kruse u. Andere	Reiningen	"	3600.--
Viehhändler	Fritz	Kobbe	Ebstorf	"	600.--

	Friedrich	Panning	Wietzendorf	RM	280.--
Fa.		Westholz	Munster	"	1500.--
	Kurt	Heinel	Faßberg	"	250.--
	Gustav	Steiner	Faßberg	"	450.--
	Wilhelm	Schelling	Hermannsburg	"	450.--
Bauer	Rudolf	Hemme	Poitzen	"	500.--
Fa.		Westholz	Munster	"	2500.--
Brandgesch.	W.	Bienwald	Munster	"	1500.--
Müller	Fritz	Steinweg	Backebergs-Mühle	"	6398.--
Brandge.	Ing.	Ochs	Kohlenbissen	"	11500.--
Bauer		von Marcard	Bode	"	7000.--
Bauer	Hermann	Lange	Baven	"	3200.--
Bauer	Luis	Vogt	Brockhöve	"	1800.--
Bauer	Dr.	Köster	Bode	"	7050.--
Bauer	Heinrich	Bode	Wrestedt	"	
Bauer	Hermann	Warnecke	Stadensen	"	13450.--
Bauer	Hermann	Alfermann	"	"	
		Hocke	Munster	"	700.--
	Otto	Böhler	Hansen	"	300.--
		Ochmanek	Kohlenbissen	"	350.--
Forstmeister		Dönges	Kohlenbissen	"	550.--
		Hocke	Munster	"	450.--
	Paul	Hamers	Celle	"	475.--
	Otto	Gralher	Faßberg	"	500.--
	Hugo	Weisner	Faßberg	"	700.--
		Bachner	Müden	"	5000.--
		von Winning	Eitzen II	"	3600.--
	Friedrich	Wessel	Müden	"	3200.--
	Alfred	Liebig	Soltau	"	180.--
	Ing.	Och	Kohlenbissen	"	530.--
Torfwerke			Lührsbockel	"	5600.--

Die Ausführung der großen Anzahl kleiner Verkäufe an Einrichtungsgegenständen, obwohl sie in ihrer Gesamtheit hoch in die Tausende gehen, würden zu weit führen.

Erwähnt muß aber werden, daß noch weit über 100000.-- RM mehr zu vereinnahmen gewesen wären, wenn der Gemeinde Faßberg die nötigen Fahrzeuge zur Verfügung gestanden hätten und den Bemühungen des Herrn Bürgermeisters von verschiedenen Stellen nicht entgegengearbeitet worden wäre.

Ich hoffe, daß ich meine Tätigkeit demnächst abschließen kann, zumal mich meine Arbeitgeberin (Fa. PH. Holzmann A.G. Bauunternehmung in Frankfurt/Main, Filiale Hannover) aufgefordert hat, meine Tätigkeit an lebenswichtigen Wiederaufbauarbeiten im Interesse der Britischen Militärregierung wieder aufzunehmen. Meine Firma hat mich auf Anregung des Herrn Weisner hin, für meine hiesige Tätigkeit unter Weiterbezahlung meiner alten Bezüge beurlaubt und darf darum meine Leistungen in Rechnung stellen, die mit 2 ½ bis 3 % der Verkaufssumme wohl nicht zu hoch bemessen sein dürften. Ob meine Firma hiervon Gebrauch machen und die Militärregierung dies genehmigen wird, mag einstweilen dahingestellt bleiben.

Zum Schluß bemerke ich noch, daß ich in steter Einsatzbereitschaft versucht habe recht Vieles der richtigen Verwertung zuzuführen, trotz täglicher, ärgerlicher Zwischenfälle, wie Diebstähle, Zerstörungen usw., die ich nicht immer verhindern konnte, weil mir ein schnelles Fahrzeug fehlte.

Faßberg, den 15. Juli 1945

gez. Winkenbach

Anlage 10

Protokoll von Bürgermeister Hugo Weisner über seine Tätigkeit seit der Besetzung Faßbergs vom 16. Juli 1945 (Archiv der Gemeinde Faßberg). Die Büro-Schreibmaschine kannte kein Eszett.

Der Bürgermeister
der Gemeinde Faßberg
Aktenz.: 00-19
Bei Beantwortung bitte angeben
Konto der Gemeindekasse: 3659
Bei der Kreissparkasse Celle
Hauptzweigstelle Hermannsburg

An den

Faßberg üb. Unterlüß, den 16. Juli 1945.
Fernruf: Müden (Oertze)

Herrn Landrat
des Landkreises
Celle.

Auftragsgemäss gebe ich Ihnen nachstehend ein Protokoll über meine Tätigkeit seit der Besetzung Fassbergs.

Dieses Protokoll ergänzt meine Lageberichte vom 14. 5. 1945 und 12. 6. 1945. Meine hier dargelegte Tätigkeit, die den Rahmen eines Bürgermeisteramtes weit übersteigt, geschah nur im Interesse Fassbergs und konnte ich nur meistern, da sich mir ein Teil verantwortungsbewusster Männer zur Verfügung stellte. Die jahrelange Verbundenheit mit dem Horst erleichterte mir ebenfalls meine Tätigkeit.

Mit den beigefügten Anlagen lasse ich die einzelnen Männer selbst berichten.

Protokoll.

Am 13. 4. 1945 wurde auf Befehl des Kampfkommandanten des Fliegerhorstes Fassberg eine grössere Minensprengung in Schmarbeck durchgeführt. Die riesige Sprengung verursachte an sämtlichen Gebäuden der Siedlung und des Horstes verheerende Gebäudeschäden. Sämtliche Dächer der Wohnsiedlung und der Unterkunftsgebäude auf dem Horst waren in der kurzen Zeit von ca.1 Stunde vollkommen abgedeckt, die Innenwände der Dachgeschosse waren zertrümmert, sämtliche Glasscheiben, viele Fensterflügel und Türen herausgerissen. 80 % der gesamten Wohnhäuser waren so zerstört, dass ein Bewohnen nicht möglich war. Der Horst war mit Ausnahme einer kleinen Kampfgruppe geräumt und sich selbst überlassen. Auf dem Horst selbst befanden sich nur noch ca. 500 Italiener und Russen, die von dieser kleinen Kampfgruppe nicht mehr in Schach gehalten werden konnten und sofort ihre Plünderungen einsetzten. In der Siedlung selbst herrschte masslose Erregung, da vor allen Dingen viel alleinstehende Frauen und Kinder, deren Zahl in die Hundert ging, obdachlos geworden waren. Eine Führung und Verwaltung war nicht mehr vorhanden.

Am 14. 4. hatte ich die Verhältnisse soweit überschaut, dass ich darangehen konnte, alle verfügbaren Männer zusammenzurufen und ihnen bekanntgab, dass wir aus eigener Initiative handeln mussten. Man unterstellte sich meiner Führung und konnte ich mit einer Reihe von Männern zunächst einen geregelten Arbeitsdienst organisieren, deren Aufgabe es war, die Schäden in der Siedlung

soweit zu beheben, dass die Bewohner zunächst gegen Wind und Wetter ge-
schützt wurden. Da bei der Abdeckung der Dachhaut zunächst viele Dachsteine
zertrümmert waren, musste ich, um Ersatz zu schaffen, Gebäude abdecken, die
zunächst für Wohnzwecke nicht benötigt wurden. Wir haben Unterkunftsgebäu-
de des Horstes abgedeckt und auch die Kirche der Siedlung.

Am 16. 4. 1945 fand die Besetzung Fassbergs zwischen 16 und 18 Uhr statt.

Am 17. und 18. 4. haben wir den Arbeitsdienst wieder aufgenommen. In diesen
Tagen fanden auch riesige Räubereien von den noch im Horst befindlichen Ita-
lienern und Russen statt. Die englische Besatzung befand sich weit draussen auf
dem Rollfeld und somit war es diesen Ausländern möglich, sich im Horst breit-
zumachen. Alle noch dort befindlichen Lebensmittellager, Kammergebäude, Kü-
chen, Kantinen usw. wurden aufgebrochen und geräubert. Selbst in der Siedlung
ausgelagerte Lebensmittelbestände, die uns nicht bekannt waren, wurden von
diesen Leuten aufgebrochen und gestohlen. Schliesslich griffen wir auch hier
zur Selbsthilfe, doch war es ohne Polizei- und Waffengewalt nicht möglich,
durchzugreifen.

Am 19. 4. 1945 wurde ich zu dem Kampfkommandanten gerufen (Herrn Oberst
Grabbe) von der R.A.F.) und hatte ich somit Gelegenheit ihm die ganzen Vor-
gänge zu schildern. Er beauftragte mich mit den Bürgermeister-Geschäften und
erteilte mir seine ersten Befehle, wie folgt:

1. Die Sicherstellung aller vorhandenen Lebensmittel-Bestände.

Wir haben alle Lebensmittel-Bestände, soweit wir sie nachgewiesen bekamen
und entdeckten, zusammengetragen und in den beiden Lebensmittel-Geschäften
an die Bewohner zur Verteilung gebracht. Über diesen Verkauf bestehen beim
Bürgermeisteramt genaue Protokolle und sind die eingegangenen Gelder nach-
weisbar gehalten. Die Mengen belaufen sich auf ca. eine ganze Zuteilungsperio-
de für die gesamte Bevölkerung.

2. Waffenabgabe.

Es wurde die sofortige Waffenabgabe gefordert und durchgeführt. In 2 von mir
veranstalteten Versammlungen an der Schule in Fassberg wurde die Bevölke-
rung mit den neuen Verhältnissen vertraut gemacht und ihnen die Befehle der
Besatzung übermittelt. Riesige Mengen von Werkzeugen, Gerätschaften, Le-
bensmitteln und technischen Geräten und Waffen wurden zusammengetragen,
von den Sicherheitsoffizieren übernommen, und der Besatzung ausgeliefert. Da
aber immer wieder bei Hausdurchsuchungen alle möglichen horsteigenen Gerä-
te gefunden wurden, wurde schärfste Strafhandlung seitens der Besatzungsbe-
hörde ausgesprochen und von mir eine regelrechte Hausbegehung veranlasst.
Die Herren Gendarmerie-Oberleutnant Bergmann, Hausmeister Miegel, Ober-
postsekretär Hünerberg und Ing.Kaufmann Eisert wurden mit Polizeibefugnis-
sen ausgerüstet und beauftragt, jedes einzelne Haus aufzusuchen und von den
Bewohnern eidesstattliche Erklärungen zu fordern. (s. Anlage 1) Die Bewohner
mussten erklären, dass sie nicht mehr im Besitz irgendwelcher wehrmachtseige-
nen Gerätschaften usw. sind und wurden darauf aufmerksam gemacht, dass sie

sich im anderen Falle hohen Strafen aussetzten. Wir haben auf dem Bürgermeis-
teramt nunmehr von jeder Wohnung ein eidesstattliches Protokoll über diese
Feststellung. Niemand ist hier in Fassberg darüber im Unklaren, dass, wenn bei
irgendwelchen Hausdurchsuchungen Wehrmachtseigentum vorgefunden wird,
er sich nicht darauf berufen kann, nichts von einer Abgabe zu wissen.

3. Leichenbergung.

Hierzu erhielt ich die Genehmigung, die im Kampfgebiet liegenden gefallenen
Kameraden zu bergen und zu bestatten. Ich bat Herrn Oberst v. d. Lühe, die
Führung der Bergungstrupps zu übernehmen. Er hat nach meinen Anweisungen
sämtliche Toten im Kampfgebiet geborgen und ordnungsgemäss auf dem Fried-
hof in Fassberg bestattet. Auch die bereits von den Engländern bestatteten deut-
schen Leichen, soweit sie nachweisbar waren, wurden ausgegraben und ord-
nungsgemä(ß) auf dem Friedhof Fassberg bestattet. Soweit wir in der Lage wa-
ren, die Personalien festzustellen, sind sie auf dem Bürgermeisteramt in Fass-
berg protokolliert. Für diese Arbeit habe ich den daran beteiligten Männern
Extra-Zuwendungen aus den mir zur Verfügung stehenden Wehrmachtsbestän-
den ausgehändigt. (s. Anlage 2)

Am 21. 4. habe ich den früheren Angestellten des ehemaligen Gutsbezirks,
Herrn Kreis-Inspektor Holste und Herrn Wilhelm Möller zur verantwortlichen
Mitarbeit herangezogen und sie beauftragt, die ganze Verwaltungsarbeit wie-
derherzustellen. Die beiden Herren hatten bereits aus eigener Initiative vom
Horst herunter alle Karteibücher und sonstigen Unterlagen soweit sicherge-
stellt, wie es unter den gegebenen Verhältnissen möglich war. Sie waren mit
dem ganzen Material in das ehemalige Kinderheim eingezogen. Dieses Kinder-
heim ist zunächst die einzige zur Verfügung stehende Unterkunft für das Bür-
germeisteramt. Die Sicherstellung der Lebensmittelrationen der weit über 3000
Menschen angewachsenen Einwohnerschaft war zunächst das Wichtigste. Mit
dem von Horst ausgelagerten Mehr war die Siedlung zunächst für ca. 4 Wochen
mit Brot versorgt. Die ausgelagerten Mehle wurden dem Bäckermeister Speck-
hahn und Klingebiel zu den üblichen Festpreisen übereignet und vom Bürger-
meisteramt bezahlt genommen. Hierfür liegen ebenfalls Quittungen und Proto-
kolle vor.

Am 22. 4. 1945 gab mir der Kommandant der R.A.F. (Oberst Grabbe) den Be-
fehl, sofort die Abreise der Italiener und Russen zu veranlassen. Er war zu-
nächst vorgesehen, sie ausserhalb verteilt auf den Dörfern unterzubringen. Da
es aber nicht gelang, hierfür Unterkünfte zu beschaffen, wurden die Italiener
und Russen der Auftrag erteilt, sich in Richtung Celle in Marsch zu setzen. Ent-
gegen meiner eigenen Auffassung gelang dieses reibungslos. Wir haben den Ita-
lienern und Russen noch Brot mitgegeben und haben ihnen die vom Horst ge-
räuberten Lebensmittel überlassen.

Am 23. 4. 1945 nachmittags ab 4 Uhr haben die Italiener und Russen (ca. 500
Mann) den Horst verlassen und sind in Richtung Celle marschiert.

Am 24. 4. 1945 haben wir auf Befehl des Kommandanten die italienischen Frauen und Kinder, die nicht marschfähig waren, mit einem zur Verfügung stehenden Lastwagen nach Celle transportiert.

In dem vorher schon besprochenen Arbeitsdienst befanden sich weit über 100 Männer und Frauen ohne eigenen Haushalt. Um diesen Personen ein warmes Essen verabreichen zu können, habe ich im Schulkeller eine Gemeinschaftsverpflegung eingerichtet. Schon am 25. 4.war mit vom Horst sichergestellten R.A.D. - Kesseln die Küche im Betrieb. Diese Gemeinschaftsverpflegung wurde zunächst vom Bürgermeisteramt durchgeführt, ist aber seit Ende Juni in die Hände der Familie Röbbeling gelegt worden. Familie Röbbeling hat schon in den früheren Jahren die Werksverpflegung auf dem Horst durchgeführt.

Die von mir von der englischen Besatzung geforderten Nachweisungen über horsteigene Gerätschaften erweiterte sich auch über die aussenliegenenen horsteigenen Barackenlager. Der hiermit beauftragte Sicherheitsoffizier <u>Fokkinga</u> hat mit mir sämtliche Baracken aufgesucht und über die darin enthaltenen Gerätschaften verfügt. Wir stellten überall an den Baracken und Inneneinrichtungen grosse Zerstörungen und Räubereien fest. Auf meinen Wunsch, doch mit die Möglichkeit zu geben, alle diese Werte zu retten und stündlich grösser werdenden Vernichtungen zu steuern, wurde bei dem Herrn Gouverneur in Celle von dem Sicherheitsoffizier die Genehmigung eingeholt, alle militärisch nicht interessierenden Dinge zu retten und einer Verwertung zuzuführen. Ich habe nach genauesten Vortrag über die mögliche Abwicklung den Auftrag erhalten, im Interesse der englischen Militärbehörde die Baracken in Poitzen, Trauen, Dethlingen und Kohlenbissen zu verkaufen. Es wurde ausdrücklich betont, dass ein militärisches Interesse an diesen Baracken nicht vorliegt. Um einen ordnungsgemässen Verkauf durchzusetzen, habe ich den mir bekannten Bau-Ing. Adam Winkenbach von der Firma Holzmann A.G. beauftragt, auf Grund sachgemässer Schätzung und ordnungsgemässen Kaufverträgen, den Verkauf der noch verbliebenen Baracken vorzunehmen. Die eingenommenen Gelder wurden vom Bürgermeisteramt kassiert und verwahrt. Dort liegen auch die ordnungsgemässen abgeschlossenen Kaufverträge und Rechenabschriften vor. Über die Abwicklung dieser Tätigkeit lege ich mit Anlage 3 einen Tätigkeitsbericht des Herrn Winkenbach bei.

Am 26. 4. wurden von der englischen Besatzung Arbeitskräfte für den Horsteinsatz verlangt. Die Anforderungen steigerten sich von Tag zu Tag und wurde mir von der Besatzung aufgetragen, diesen Arbeitseinsatz ordnungsgemäss zu führen und zu löhnen.

Seit dem 1. 5. 1945 sind ein grosser Teil und jetzt fast alle Einwohner Fassbergs im Arbeitseinsatz auf dem Fliegerhorst. Wir haben vom 1. 5. 1945 für diesen Arbeitseinsatz Löhne gezahlt. Der Leiter der früheren Lohnstelle des Fliegerhorstes Fassbergs, Herr Otto Ahrend, wurde von mir mit der Führung der Lohnlisten und der Lohnauszahlung beauftragt. Einen Tätigkeitsbericht des Herrn Ahrend s. lt. Anlage 4.

Um die Belange des Horstes zu regeln, war zunächst eine bestimmte Organisation des Arbeitseinsatzes erforderlich, um den mir gestellten Ansprüchen der englischen Besatzung gerecht zu werden.

Die Arbeitseinsätze musste ich wie folgt unterscheiden:

1. *Instandsetzung der Gebäude.*
2. *Instandsetzung und Unterhaltung der sanitären Anlagen (Heizungs- und Abwasser-Anlage)*
3. *Instandsetzung und Unterhaltung der elektrischen Anlagen und Maschinen, sowie Wasserpumpwerk und Rohrnetz.*
4. *Inventar-Verwaltung (d. h. Möbel, Betten, Wäsche) Hierzu gehörte auch das geforderte Küchenpersonal.*
5. *Aufräumungsarbeiten und Sicherstellung aller verstreut liegenden Bekleidung, Schuhe und Gerätschaften.*
6. *Munition und Waffensammlung im Horst.*
7. *Landwirtschaft.*

Zu 1.

Zunächst musste und konnte nur an ein Improvisorium gedacht werden, damit die Truppe in den demolierten Häusern Unterkunft fand. Es wurde daher ein Bautrupp, der, soweit möglich, Maurer-, Glaser-, Dachdecker-, Tischler- und Schlosserarbeit ausführte, eingesetzt. Die Häuser waren nicht bewohnbar. Die Truppe verlangte Unterkunft. Um in kürzester Zeit diese Unterkunft zu beschaffen, habe ich den langjährig dem Luftwaffenbauamt angehörenden Bau-Ing. Ludwig Grabe für die Belange der Bauleitung eingesetzt. Die Einzelheiten seiner Tätigkeit entnehmen Sie bitte der Anlage 5.

Zu 2. u. 3:

Für die gesamten sanitären Anlagen, Heizungs- und elektrischen Anlage, Wassergewinnung und Abwasserpumpwerk, wurden wieder die der früheren Betriebsstelle angehörenden Herren, jeder in sein Sachgebiet, eingesetzt. (s. Anlage 6 und 7)

Zu 4, 5 und 6.

Für diese Aufgaben wurden bewährte Männer unter der jeweiligen Aufsicht der englischen Besatzung eingesetzt.

Zu 7.

Die Landwirtschaft des Fliegerhorstes war von jeher ein Zuschussbetrieb. Die ganze Rollfeldbearbeitung war eine kostspielige Angelegenheit. Wenn ich die Landwirtschaft trotzdem zum Einsatz brachte, so nur aus dem idealen Ziel heraus, keinen Acker unbestellt zu lassen. Saatgut war vorhanden. Mit der Leitung wurde der langjährige Platzlandwirt O. Witter betraut. Sein Tätigkeitsbericht lt. Anlage 8 gibt Aufschluss über die gesamte Aufgabe. Die bei allen entwickelten Tätigkeiten anfallenden Güter verlangten ordnungsgemässe Lagerung und Verwaltung bis zur weiteren Verwertung bzw. Verfügung. Ein grösserer Stab von

Männern und Frauen wurde dem früheren Verwaltungs-Inspektor D. Hörmann unterstellt und dieser mit der Abwicklung dieser Aufgabe beauftragt. Einschl. der geforderten Sammlungen für Munster und Belsen wurde diese Aufgabe von Herrn Hörmann in anerkennender Weise durchgeführt. Den Umfang dieser Aufgabe ersehen Sie aus seinem Tätigkeitsbericht. (Anlage Nr. 9)

<u>*Mietregelung in der Siedlung.*</u>

Die Eigentümer der gesamten Wohnräume in der Siedlung sind ausser 3 reichseigenen Häusern folgende Gesellschaften:
die Wohnbau G.m.b.H., Berlin,
die Norddeutsche Bauträger G.m.b.H.
die Niederdeutsche Wohnungsbau G.m.b.H.

Diese Gesellschaften werden durch von ihnen bestellten Hausmeistern vertreten. Zum Inkasso von Mietern waren sie nicht befugt. Um den gesamten Geschäftsgang des zunächst ohne Verwaltung dastehenden Besitzes aufrecht zu erhalten und keine Verschuldung der Miete aufkommen zu lassen, habe ich die Verwaltung treuhänderisch übernommen. (s. Anlage 10.) Die Mieten werden vom Bürgermeisteramt verwahrt und davon nur die von den jeweiligen Hausmeistern bestellte und anerkannte Instandsetzungsarbeit bezahlt. Dass es bei dieser von mir übernommenen Arbeit auch Schwierigkeiten und Gegensätze zu überwinden galt, werden Sie verstehen. Mietschwierigkeiten, soziale Ungerechtigkeiten und Ansprüche, sowie persönliche Differenzen möchte ich nicht im Detail aufführen. Bei all diesen Dingen stellt sich allerdings eine unangenehme Differenz mit Herrn Dr. Stuhler besonders heraus. Es ist das alleinige Verschulden des Herrn Dr. Stuhler, dass diese Angelegenheit vor der englischen Besatzung abgewickelt werden musste. Eine Abschrift über einen von der englischen Besatzung geforderten Bericht und eine Abschrift eines Briefes des Herrn Dr. Kiel in dieser Angelegenheit liegt in der Anlage 11 bei. In meinem Bericht sind alle persönlichen und fast unglaublichen Belastungen im Interesse des Deutschen Offizierskorps allgemein herausgelassen. Eine persönliche Aussprache mit Ihnen zur Klärung dieser Angelegenheit ist von mir erwünscht. Von der englischen Besatzung, besonders von den Sicherheitsoffizieren wurden viele Auskünfte verlangt. Von einem geforderten Bericht über die Entstehung Fassbergs lege ich eine Abschrift bei (Anlage 12). Ich habe diesen Bericht mit den Herren Oberfeldintendant Taubert und Bau-Ing. Grabe aufgestellt.

Werftarbeiter vom Fliegerhorst Faßberg vor geschmückter JU 52 mit Schild 1935-37 „Gott sei Dank"
(7. von links Hillermann, Jägerweg, 5. von rechts Nehls, Finkenweg) (Sammlung K. Baumann)

Werftarbeiter 1935-1937 vor einer Junkers Ju 52. Digitales Archiv TSLw 3

Eine Erinnerungstafel von 1954, die ein „ungebrochenes Traditionsbild" zeigt.
Archiv der Gemeinde Faßberg. Repro vom Glasnegativ: TSLw 3

Erinnerungen von Colin Cottle mit dem Titel „Mein kleiner Anteil an der Berliner Luftbrücke", 2011 (Mitteilung an den Verfasser)

My small part in the Berlin Airlift

It was the beginning of February 1949, and I had just arrived at Fassberg Airfield in Germany, this was my first posting after completing my basic training at Caterick camp, England, and then passing my driving course.

I had volunteered the previous August, at the age of 18, to join the army in the Royal Corps of Signals Regiment. Here in Fassberg I was now to be part of the Berlin Airlift. Because the people of Berlin were now too be supplied with all there needs by air, many believed later that all who had worked on the airlift were aircrew. This was, of course, not the case, with many people from both the Army and Royal Air Force including many civilians, from various countries including Germany, working on the ground. It would not be possible in this short reflection of my time on the airlift, to detail all the elements that made up this historic operation, but suffice to say that without this wonderful teamwork it would never have been possible.

I belonged to a unit named the 11th Air Formation Signals Regiment and the Fassberg unit of about 40 to 50 people were identified as 139 Line Troop. Our responsibility was to maintain the telecommunications systems on the airfield, which included the telephone exchange, telephones, and telephone lines. Also the electronic typewriters known as teleprinters, these devices were connected to the telephone system and used mainly in the Control Tower to send and receive weather report information with other airfields, for use by the aircrews.

In England I had been taught that clean brass on our uniforms, highly polished boots, and many parades were part of Army life, but imagine my joy, when I realised that here on the airlift, the only important thing was to keep the supplies to Berlin moving. Of course, this would all change when the job was done and life returned to normal. But for now the operation never stopped, things continued 24 hours a day 7 days a week.

Although Fassberg was in the British zone of Germany and controlled by the Royal Air Force, in was now being used by the United States Army Air Corps to operate C47 Skymasters on the Berlin run, carrying mainly coal. The British aircraft that had been operating from here had now moved to other airfields in the British zone. Even though we were kept very busy there were compensations, we were now using the American cookhouse for our meals. Having just come *from England with wartime food rationing still in force, we could not believe that we now had a big choice of food, and as much as we wanted, the only rule was – "take as much as you want but eat what you take". We were also able to use the PX Club "Post Exchange" as much chocolate, chewing gum, cigarettes and soap as could be afforded.*

Special armed forces currency was issued to us, pounds for us, and dollars for the Americans, we wanted dollars for the PX and the cinema, and they wanted pounds for our clubs for English beer and a game of billiards, so an unofficial exchange rate existed of four dollars to the pound. Not quite the same today!

The Americans never seemed to do things by halves, on their arrival at Fassberg they even had a train kept at a siding on the airfield, to take servicemen to Hanover for the evening.

As a young soldier this period of my life left quite an impression on me, but I thought that would be the end of things. Many years later a group of people who had been involved in the Berlin Airlift, formed the British Berlin Airlift Association, I became a member and have now been able to revisit that part of my life. The association has made frequent visits to Germany, allowing me to meet many German people who had been involved in the operation, or for benefit of our history, were keeping the period recorded. I think also, that being older; I can look back and understand more of what the airlift meant to the people of Berlin, who had been cut-off. There will perhaps, be a different understanding of what was happening, from the Germans living in the occupied eastern zone, but it is hoped that the various Museums dedicated to the events at that time will allow the world to judge the truth.

Whilst serving on the airlift in Fassberg, I was engaged to be married to Josephine Sarah Dyason, later in 1951 we were married, and Josephine is always with me whenever we visit Germany. To mark my time in Fassberg she has made a cross stitch sampler, which is now on display in the Fassberg Airlift Museum. And because of the close association between the town of Fassberg and the British Berlin Airlift association, she made a sampler which was presented to the Mayor in August 2010, which is now displayed in the town hall.

Our hope is that we will be able to continue the visits back to Germany for many years to come, and will always treasure the memories that being involved in the Berlin airlift have given us.

Colin Roy Cottle, September 2011

Übersetzt:

Mein kleiner Anteil an der Berliner Luftbrücke

Es war Anfang Februar 1949, und ich war gerade beim Flugplatz Faßberg in Deutschland angekommen, dies war mein erster Einsatz nach Abschluss meiner Grundausbildung im Caterick Camp, England, und meiner anschließenden Fahrausbildung.

Ich hatte mich im vorherigen August mit 18 Jahren freiwillig gemeldet, um mich dem Royal Corps of Signals Regiment anzuschließen. Hier in Faßberg sollte ich nun ein Teil der Berliner Luftbrücke sein. Weil die Menschen in Berlin jetzt auch mit allem Notwendigen auf dem Luftweg beliefert werden mussten, glaubten später viele, dass alle, die an der Luftbrücke mitgearbeitet hatten, Flugpersonal waren. Dies war natürlich nicht der Fall ist, wo doch viele Menschen sowohl von der Armee als auch der Royal Air Force, einschließlich vieler Zivilisten aus verschiedenen Ländern, darunter Deutschland, vor Ort arbeiteten. Es wäre nicht möglich, in diesem kurzen Rückblick auf meine Zeit bei der Luftbrücke, all die Elemente, die diese historische Operation ausmachten, zu nennen. Es würde aber ausreichen, zu sagen, dass sie ohne diese wunderbare Teamarbeit nicht möglich gewesen wäre.

Ich gehörte zu einer Einheit namens 11th Air Formation Signals Regiment, und die Faßberger Einheit von etwa 40 bis 50 Personen wurde als 139 Line Troop bezeichnet. Unsere Aufgabe war es, die Telekommunikationssystem auf dem Flugplatz, wozu die Telefonanlage, die Telefone und Telefonleitungen zählten, zu erhalten. Auch die als Fernschreiber bekannten elektronischen Schreibmaschinen wurden an die Telefonanlage angeschlossen ist. Sie wurden vor allem im Kontrollturm zum Senden und Empfangen von Wetterberichtsinformationen im Austausch mit anderen Flugplätzen verwendet, zum Nutzen für die Flugzeug-Besatzungen.

In England hatte ich gelernt, dass sauberer Messing auf unseren Uniformen, hochglanzpolierte Stiefel und viele Paraden Teil des Armeelebens waren. Aber stelle man sich meine Freude vor, als ich feststellte, dass hier auf der Luftbrücke die einzige wichtige Sache war, Vorräte nach Berlin zu bringen. Natürlich würde sich dies alles ändern, wenn die Arbeit getan war und das Leben wieder normal würde. Aber jetzt erst einmal hörte die Operation nie auf, die Dinge gingen weiter, 24 Stunden am Tag, sieben Tage die Woche.

Obwohl Faßberg in der britischen Zone Deutschlands lag und von der Royal Air Force kontrolliert wurde, es wurde jetzt vom United States Army Air Corps genutzt, um C47 Skymaster vor allem mit Kohle auf die Berliner Strecke zu schicken. Die britischen Flugzeuge, die hier eingesetzt waren, wurden nun zu anderen Flugplätzen in der britischen Zone verlegt. Obwohl wir sehr beschäftigt waren, gab es Entschädigungen, wir nutzten jetzt das amerikanische Küchenhaus für unsere Mahlzeiten. Da ich gerade aus England zurückgekehrt war, wo es die Lebensmittelkriegsrationierung gegeben hatte, konnten wir nicht glauben, dass wir jetzt eine große Auswahl an Essen hatten und so viel haben konnten, wie wir wollten. Die einzige Regel war: „so viel nehmen, wie Sie wollen, aber essen, was Sie nehmen". Wir waren auch in der Lage, den PX Club „Post Exchange" zu nutzen: so viel Schokolade, Kaugummi, Zigaretten und Seife wie gewährt werden konnte.

Special armed forces-Währung wurde uns erteilt, Pfund für uns und US-Dollar für die Amerikaner, wir wollten Dollar für den PX und das Kino, und sie wollten Pfund für unsere Clubs für englisches Bier und eine Partie Billard, so ein inoffi-

zieller Wechselkurs belief sich auf vier Dollar für das Pfund. Nicht ganz gleich wie heute!

Die Amerikaner schienen nie halbe Sachen zu tun. Bei ihrer Ankunft in Faßberg hatten sie sogar einen Zug auf einem Abstellgleis auf dem Flugplatz gehabt, um Soldaten für den Abend nach Hannover zu nehmen.

Als jungem Soldaten hinterließ dieser Lebensabschnitt einen ziemlichen Eindruck auf mich, aber ich dachte, das wäre das Ende der Dinge. Viele Jahre später bildete eine Gruppe von Menschen, die an der Berliner Luftbrücke beteiligt waren, die britische Berliner Luftbrückenvereinigung, ich wurde Mitglied und bin nun in der Lage, diesen Teil meines Lebens zu überdenken. Der Verein hat häufige Besuche in Deutschland unternommen, sodass ich viele deutsche Menschen, die an der Operation oder zum Besten unserer Geschichte beteiligt gewesen waren, die Zeit in Erinnerung behielten. Ich denke auch, dass ich jetzt, inzwischen älter geworden, zurückzublicken und mehr von dem verstehen kann, was die Luftbrücke für die Menschen in Berlin bedeutete, die abgeschnitten waren. Es folgt vielleicht ein anderes Verständnis von dem Geschehenen, von den in der besetzten Ostzone lebenden Deutschen. Aber es ist zu hoffen, dass die verschiedenen, den damaligen Ereignissen gewidmeten Museen der Welt ermöglichen, die Wahrheit zu beurteilen.

Während meiner Dienstzeit auf der Luftbrücke in Faßberg beabsichtigte ich, Josephine Sarah Dyason zu heiraten. Später, im Jahre 1951, waren wir dann verheiratet, und Josephine begleitet mich immer, wenn wir Deutschland besuchen. Zu meiner Zeit in Faßberg fertigte sie ein Kreuzstichmuster, das sich heute auf dem Display im Luftbrückenmuseum Faßberg befindet. Und wegen der engen Verbindung zwischen der Stadt Faßberg und der British Berlin Airlift association fertigte sie ein Muster, das dem Bürgermeister im August 2010 vorgestellt wurde und das jetzt im Rathaus ausgestellt wird.

Unsere Hoffnung ist, dass wir in der Lage sein werden, noch weiterhin für viele Jahre für die Besuche nach Deutschland zurückzukehren, und dass wir immer die Erinnerungen schätzen, die uns die Mitwirkung an der Berliner Luftbrücke gebracht haben.

Colin Roy Cottle, September 2011

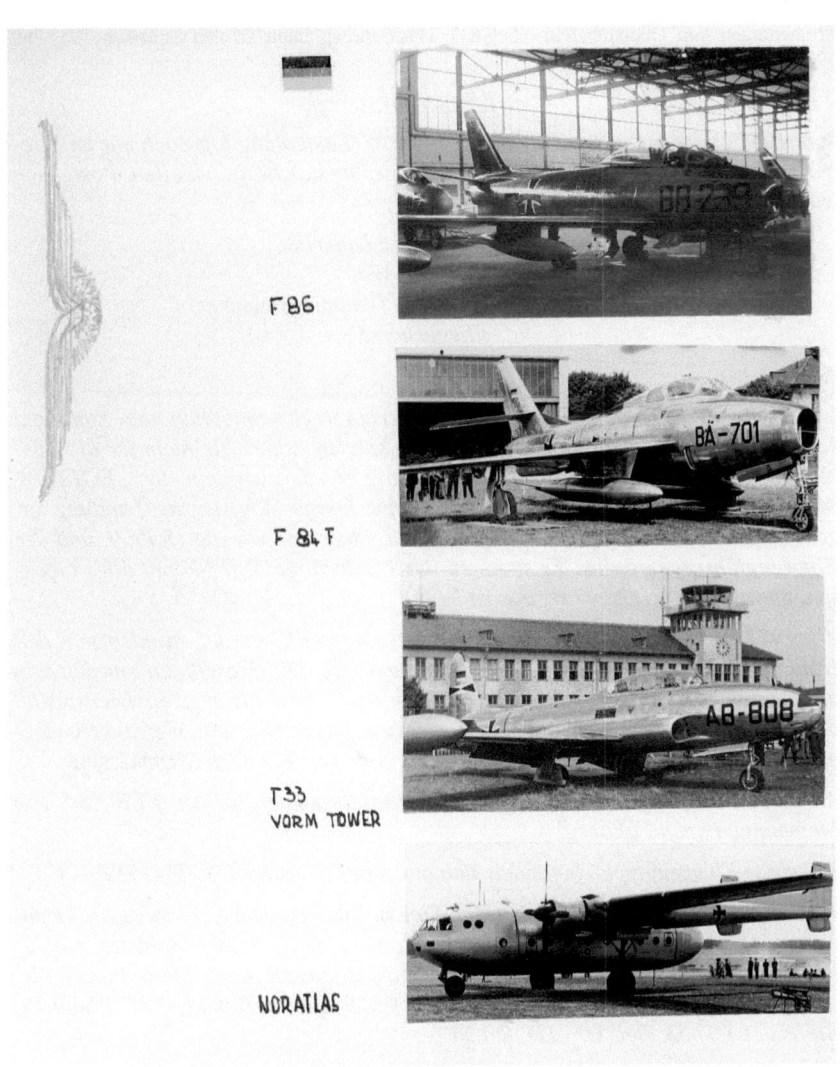

F 86

F 84 F

T 33
VORM TOWER

NORATLAS

Aus einer alten Fliegerhorst-Broschüre. Digitales Archiv TSLw 3

Anlage 11

Erinnerungen von Oberstabsfeldwebel a.D. Hans Jürgen Lang an den Zeitraum 1957 bis 1962.

Erinnerungen

Juni 1957 zogen wir nach Faßberg. Unsere Wohnsiedlung lag noch mit im Fliegerhorst, sodass wir Kinder alle einen Fliegerhorstausweis erhielten. Postalisch waren wir unter

20 a Faßberg über Unterlüß
Schwarzer Weg
Block 209 / 10 (10 war die Wohnungsnummer)
Fliegerhorst

zu erreichen.

Unser Spielplatz war der gesamte Fliegerhorst einschließlich der Start-und Landebahn. Wir durften in den Flugzeugen spielen, sofern sie nicht für die Ausbildung benötigt wurden. An einem Samstag wurden wir von der „FOLLOW ME" von der Landebahn weggeholt, weil eine Fouga Magister zur Landung angekündigt war. Nach der Landung rollte die Maschine vor die Halle 9, und der Flugzeugführer stieg aus. Er sagte zu uns Kindern nur: „Ihr könnt alles anfassen, nur nicht das Triebwerk, das ist heiß."

Als 1958 das Jagdbombergeschwader 34 aufgestellt wurde, standen vor den Hallen 10, 11 und 12 die F 84 F Thunderstreak. Die Maschinen wurden von amerikanischen und deutschen Piloten geflogen. Den niedrigsten Dienstgrad, den ich bei den deutschen Piloten gesehen habe, war ein Gefreiter/Unteroffizieranwärter. Das Geschwader verlegte Anfang 1959 nach Memmingen.

An einem Samstag 1958 verlegten die Hubschrauber von der FFS „S" von Memmingen nach Faßberg.

Folgende Flugzeugtypen befanden sich auf dem Fliegerhorst 1957-1959:

T-6H Harward Mk.4, Bell 47 G (H13 Sioux), Sikorsky H 34 G Choctaw, Vertol H 21 C Shawnee, Bristol Sycamore Mk 52, Alouette II, Fouga Magister, Do 27, Pembroke C Mk 54, Nord N.2510 D Noratlas, Canadair Sabre Mk.6, Pützer Elster B. Später befanden sich dort: Fiat G 91, F104 Starfighter, F4F Phantom, Alpha Jet, CH 53, Bell UH-1D, Do 28

Die FFS „S" wurde später in die Hubschrauberführerschule umbenannt und umgegliedert. 1975 wurde sie aufgelöst.

Mitte 1959 wurde unsere „Spielwiese" eingeschränkt. Der Schwarze Weg wurde ausgezäunt und erhielt den Straßennamen „An der Koppel". Wir Soldatenkinder erhielten weiter eine Zugangsberechtigung zum Fliegerhorst, allerdings war der Flugbereich für uns jetzt tabu. Im Fliegerhorst befanden sich unter anderem die katholische Militärkirche im Block 17 und die Sporthalle gegenüber der Halle 3. Weiterhin durften wir nach Rücksprache mit dem Staffelfeldwebel in den Aufenthaltsräumen der Unteroffiziere fernsehen. Damals gab es nur ein Programm.

In den ersten Jahren gab es noch keine Inspektionen, man nannte sie damals noch „Staffel".

Nach der Übernahme von den Engländern gab es auf dem Fliegerhorst noch einen Reitstall, auf diesem Gelände befindet sich heute das Brandübungshaus. Von der Hauptwache entlang der Straße bis zur Schmarbecker Wache gab es über 20 Tennisplätze.

Die Lehrgangsteilnehmer der TSLw 3 wurden bis etwa 1967 geschlossen zum Mittagessen geführt.

Etwa ab 1959 stand an der Halle 7 einer der ersten SAR-Hubschrauber in Einsatzbereitschaft (Bristol Sycamore).

Rund um Faßberg gab es für die FFS „S" einige Außenlandeplätze für die Hubschrauber. Ein Landeplatz war unter anderem neben der Kreisstraße von Hankenbostel nach Gerdehaus.

Etwa 1961 ist eine Sycamore in Hermannsburg, am ehemaligen Schülerheim an der Straße Richtung Weesen, abgestürzt. Die beiden Piloten starben bei dem Absturz.

1962 waren acht sudanesische Soldaten für eine längere Zeit zum Lehrgang in Faßberg.

Generalschmiede Faßberg: Fast alle hierunter aufgeführten Soldaten wohnten in der Roten Siedlung.

Oberst Antrup	*Brigadegeneral*
Oberst von Krause	*Generalleutnant*
Major i.G. von Senger und Etterlin	*General*
Major i.G. Lather	*General*
Brigadegeneral Mack	*General*
Oberst Ewert	*Generalmajor*
Oberstleutnant Behrends	*Generalmajor*
Oberst Hansen	*General*

Hartmut Bagger, er wohnte in Faßberg. Sein Vater war Lehrer an der Volksschule, er selbst war zuletzt Generalinspekteur der Bundeswehr.

Grüße aus Faßberg. Fotos (2): Hans Jürgen Lang/Digitales Archiv TSLw 3

Anlage 12

Erinnerungen von Oberstabsfeldwebel a.D. Christoph Alexander, Archivar des 1990 in Faßberg gegründeten Traditionsvereins LRB-TMLD „Auge-Ohr", auch abgedruckt in der Chronik anlässlich des 20. LRB/TMLD-Treffens, 2011 (Mitteilung an den Verfasser)

„Wir erinnern uns ... "

*Beim Aufbau der Luftwaffe und der ersten Flugmeldeverbände 1958 ordnete die
Führung auch die Geländeerkundung „Auge-Ohr" an. Kriegsgediente Männer
der ehemaligen Luftnachrichtentruppe erkundeten den westdeutschen Raum
nach günstigen Beobachtungsstellen. Mit jungen Freiwilligen ging es zum Lehr-
und Versuchsregiment nach Lechfeld. In Goslar, der Geburtsstätte des deutschen Luftraumbeobachtungsdienstes (LRB), warteten BGSler und die ersten
Wehrpflichtigen.*

*Nach zahlreichen Trockenübungen allein mit den Sinnesorganen Auge und Ohr
sowie einem Funkgerät freuten sich alle auf das „Tieffluggebiet 4" im Weser-
bergland. „Blitz 3 – blau – ei, jet, tief", lautete eine Flugmeldung. Auch Tief-
flugsünder galt es zu erfassen.*

*Der schwarze Kanal (Karl-Eduard von Schnitzler) meldete: „Nicht ‚Liegen, Ru-
hen, Bräunen', sondern ‚Lenkwaffen- und Raketenbataillon' steckt hinter LRB. "*

*Doch dann kam der 13. August 1961. „Alarm", und wir waren bis zum Jahres-
ende an der innerdeutschen Grenze. Keiner durfte etwas sagen, aber alle wuss-
ten es. Kein anderer Verband der Bundeswehr hatte diesen gefährlichen Auftrag
zu erfüllen.*

*Die Jahre gingen dahin. Und nicht immer war die Flugmeldung abgesetzt, bevor
das Ziel den Wechselpunkt passierte. Zeitverzug war das Problem im fortgeschrittenen „Düsenzeitalter". Ein Radargerät zur Erfassung von Tiefffliegern
musste her. Die Dislozierung änderte sich, Faßberg und Uetersen kamen hinzu.
Umgliederung, Verlegung, Neuaufstellung und Standwortwechsel prägten den
Alltag. Dazu kamen viel Technik und System. 30 Kilometer (später 45 Kilometer) war der Erfassungsradius, gegenüber dem des LRB-Postens von 10 Kilome-
tern (bei guter Sicht). Zum TMD kam das „L" (Jägerleitung) dazu, und alle
staunten, was „Auge-Ohr" alles kann.*

*Nach der feldmäßigen Erprobung und zahlreichen Übungen und Überprüfungen
ging es in den Dauereinsatz. Die 12 Einsatzstellungen reichten von „Krusen-
dorf" bis zum „Hohen Meißner". Die drei Zentralen befanden sich in Uetersen,
Faßberg und Goslar.*

*Der LRB, später TMLD, erfuhr bei der NATO eine hohe Wertschätzung, denn er
schloss die Tiefffliegererfassungslücke in Mitteleuropa gegenüber dem Warschauer Pakt. Doch nach über 30 Jahren war Schluss, AWACS sollte unsere
Nachfolge antreten, doch die Wiedervereinigung Deutschlands war schneller.
1990 lief die letzte Meldung des TMLD beim CRC/SOC Brockzetel ein. Unser
Auftrag „Wachsamkeit in vorderster Linie" war erfüllt.*

Was uns bleibt, sind Erinnerungen und unsere einmalige Kameradschaft.

Anlage 13

Auswahl von Führungspersonen, ermittelt anhand des Horsttagebuches und der Chroniken der Technischen Schule der Luftwaffe 3

Kommandanten des Fliegerhorstes Faßberg

1. Oberst Alfred Keller   01.04.1934 bis 01.04.1935
Kommandeur der K.Gr. I/154 und Fliegerhorstkommandant

2. Oberstleutnant Philipp Zoch   01.04.1935 bis 31.12.1935
Kommandeur der K.Gr. I/154 und Fliegerhorstkommandant

3. Oberst Richard Putzier   01.01.1936 bis 01.03.1937
Kommandeur der Fliegergruppe (S) und Horstkommandant

4. Oberstleutnant Martin Fiebig   01.03.1937 bis 01.06.1938
Kommandeur der Gr. Kampffliegerschule und Horstkommandant

5. Oberstleutnant Anton Heidenreich   01.06.1938 bis 07.09.1939
Kommandeur der Gr. Kampffliegerschule und Horstkommandant

6. Oberstleutnant Oskar von der Lühe   08.09.1939 bis 15.01.1942
Fliegerhorstkommandant

7. Oberst Kurt Hake   16.01.1942 bis 31.01.1945
Fliegerhorstkommandant

8. Oberstleutnant Heinz Meletta   01.02.1945 bis 16.04.1945
Fliegerhorstkommandant

Offiziere z.b.V. der Kommandantur

1. Hauptmann (E) Windmöller
2. Major Krüger
3. Major Weese
4. Hauptmann (E) Oppenhorst
5. Hauptmann (E) Sommer
6. Hauptmann (E) v. Zitzewitz
7. Hauptmann (E) v. Ziegesar
8. Major (E) Collet
9. Hauptmann Peschel
10. Oberstleutnant v. d. Lühe
später Stabsoffizier des Fliegerhorstes

Chefs der Horstkompanie

1. Hauptmann Möricke
2. Oberleutnant Küster
3. Oberleutnant Schulz
4. Hauptmann v. Zetlitz
5. Hauptmann (E) v. Zitzewitz
6. Hauptmann (E) v. Ziegesar
7. Major (E) Collet
8. Hauptmann Ruge
9. Major (E) Wolters

Leiter der Luftnachrichten-Stelle (Ln. Stelle)

1. Major (E) Fix	02.01.1935-15.01.1936
2. Hauptmann (E) Dammann	15.01.1936-01.04.1937
3. Hauptmann (E) Bauß	01.04.1937-15.05.1937
4. Major (E) Jansen	15.05.1937-14.07.1938
5. Hauptmann Buschmann	15.07.1938-09.04.1939
6. Major Achenbach	10.04.1939-14.10.1939
7. Major Fürstenau	15.10.1939-17.01.1940
8. Oberleutnant Friedrich	18.01.1940-27.03.1940
9. Leutnant Hanke	28.03.1940-07.06.1940
10. Inspektor Rosenberg	08.06.1940-

Leiter der Gruppe Verwaltung

1. Verwaltungsinspektor Kankeleit	15.01.1934-10.02.1934
2. Amtmann Karl Taubert	11.02.1934-11.04.1945

Die Kommandeure der Technischen Schule der Luftwaffe 3
1) Schulkommandeure

Oberst Dipl.Ing. Wilhelm Antrup	1956-1962
Oberst Georg Gehl	1962-1966
Oberst Ernst Hinrichs	1966-1974
Oberst Hermann Meyer	1974-1977
Oberst Oskar Lichtenwalter	1977-1980
Oberst Hans Aßmann	1980-1987
Oberst Harald Schramm	1987-1990
Oberst Ulf von Krause	1990-1992
Oberst Christian Bieling	1992-1994
Oberst Dieter Müller-Gerhardtz	1994-1997
Oberst Uwe Heinze	1997-2001
Oberst Erwin Lentz	2001-2005
Oberst Ulrich Stamm	2005-2009
Oberst Rainer Steinohrt	2009-2012
Oberst Peter Kraus	seit 2012

Die Kommandeure des Transporthubschrauberregiments 10

Oberst Burghard von Arenstorff	1971-1972
Oberst Wolfgang Brinkmeier	1972-1981
Oberst Horst Burkowski	1981-1986
Oberst Reiner Hudalla	1986-1994
Oberst Hans-Otto Budde	1995-1996
Oberst Robert Bund	1996-1998
Oberst Claus Köster	1999-2003
Oberst Uwe Seeburg	2003-2008
Oberst Martin Weißenfels	2008-2012
Oberst Andreas Pfeifer	seit 2012

Anmerkungen

[1] Die Aufteilung der Archivalien stellt sich folgendermaßen dar: Die Akten der Fliegerhorstkommandantur Faßberg gelangten in der Regel in das Archiv der Gemeinde Faßberg, die Akten des Landrates in Celle in das Kreisarchiv Celle und die Akten des Regierungspräsidenten in Lüneburg in das Niedersächsische Landesarchiv -Hauptstaatsarchiv Hannover-.

[2] Stärk, Hans, Faßberg – Geschichte des Fliegerhorstes und des gemeindefreien Bezirks Faßberg in der Lüneburger Heide, Eigenverlag des Verfassers, Faßberg 1971, S. 18-36.

[3] Nds. HptStA Hann. 180 Lün., Acc. 3/030 Nr. 538.

[4] Absolon, Rudolf, Die Wehrmacht im Dritten Reich – Band I: 30. Januar 1933 bis 2. August 1934, Schriften des Bundesarchivs, Harald Boldt Verlag im R. Oldenbourg Verlag, 2. Aufl., Koblenz 1998, S. 33. Gall, Lothar u. a. (Hrsg.), Die Deutsche Bank 1870-1995, München 1995, S. 358.

[5] Nds. HptStA Hannover BigS Nr. 01812: Kartensammlung, Schmarbeck (Gemeinde Faßberg), Kreis Celle: Luftaufnahme, Negativ: Lu 85 Anzahl: 1, 1933.

[6] Scholz, Gerd; Nothing, Sebastian, Technische Schule der Luftwaffe 3 1956-2006, Transporthubschrauberregiment 10 1981-2006, Faßberg 2006, o. S. (S. 10).

[7] Weisner, Hugo, 30 Jahre Faßberg, August 1968, restauriert und übertragen aus einer alten handschriftlichen Vorlage von Lorena Baumann, Faßberg im Februar 1994, S. 8 (Archiv der Gemeinde Faßberg).

[8] Über Johannes Ziehl ist nichts weiter überliefert. Der Kaufmann lebte laut Berliner Adressbuch vom Jahr 1933 im Erdgeschoss des Hauses Elisabethstraße 12 in Lichterfelde, dessen Eigentümer er auch war. (Adressbuch, S. 3058). Sein Grundstücksmaklerbüro befand sich im Haus Taubenstraße 35 in Berlin-Friedrichstadt. (Adressbuch, 1939, S. 892.)

[9] Stärk, wie oben, S. 51; Stellungnahme Friedrich Dettes zur Chronik „Faßberg", undatiertes loses Blatt (um 1972), Archiv der Gemeinde Faßberg.

[10] Stellungnahme Friedrich Dettes zur Chronik „Faßberg", undatiertes loses Blatt (um 1972), Archiv der Gemeinde Faßberg.

[11] Körber, Hans-Dieter, WOHNBAU GmbH – Baugeschichte des Wohnungsbaues 1950-1980, Bericht über den gemeinnützigen Wohnungsbau in drei Jahrzehnten, Berlin 1980, S. 76. Wilhelm Kröger wurde am 23. Oktober 1881 in München geboren. Er war Mitglied des vorläufigen Reichswirtschaftsrates. In der Hauptversammlung des Bundes Deutscher Architekten B.D.M. am 18./19. Juni 1920 in Würzburg wurde er zum Beisitzer des Vorstandes gewählt (Schweizerische Bauzeitung, Wochenschrift für Bau-, Verkehrs- und Maschinentechnik, vom 7. August 1920, S. 69). Er wohnte im Haus Lübeckstraße 8 in Hannover.

[12] Kössinger, Alfons, Vom Fliegerhorst Rothwesten zur Fritz-Erler-Kaserne – Die Geschichte einer Kaserne 1934-1992, Eigenverlag, 1992.

[13] Archiv der Gemeinde Faßberg, IIIB 00-09.08. Auf einem Schreiben des Luftkreiskommandos IV in Münster i. W. an die Fliegerhorstkommandantur Faßberg vom 18. Dezember 1935 heißt es: „In der Anlage wird Kaufangebot vom 28.10.33,Nr.Reg. Nr.602/33 vor Notar Grahn und Kaufannahme vom 29.11.1933,Not.Reg.Nr.180/1933 vor Notar Ranz nebst Vollmacht zur Auflassung pp. auf Verw.Amtmann Taubert zur weiteren Veranlassung übersandt." Über den Grunderwerb von Kuhlmann, Schmarbeck (Kuhlmann II), im Jahre 1935 liegt eine gesonderte Akte vor (Archiv der Gemeinde Faßberg, IIIB 00-09.07). Die Parzellen waren für die Herstellung eines neuen Weges erforderlich. Karl Taubert wurde von der Delhag in Berlin bevollmächtigt (18. September 1935), als Vormund für die minderjährigen Gerhard Kuhlmann (geb. 18. März 1916) und Ernst Günther Kuhlmann (geb. 4. November 1919), beide aus Schmarbeck, wurde der Hofbesitzer Hermann Alvermann in Munster bestellt (22. Februar 1935).

[14] Stärk, wie oben, S. 43.

[15] Anni Tewes schilderte ihre Eindrücke im Zuge eines „Faßberger Klönschnack-Abends" im Jahre 1983, vgl. Glombek, Christoph M., Chronik der Gemeinde Faßberg mit den Ortschaften

Müden/Örtze, Poitzen und Schmarbeck, 1. Aufl., Eigenverlag der Gemeinde Faßberg, Faßberg 2002, S. 266 f.

[16] Archiv Faßberg, Tagebuch des Fliegerhorstes Faßberg, Band I. (AF. AZ IIIA 30–01.01).

[17] In den im Befehl des Reichsministers der Luftfahrt über die Aufstellung der Kommandos der 1. Fliegerdivision und der Heeresflieger vom 22. März 1934 enthaltenen Verwaltungsbestimmungen ist die Abteilung Kunze der DVS genannt: „Die erforderlichen Geräte einschl. Schreibmaschinen, Panzerschränke, Feuerlöscher usw. sind bei der D.V.S. Abt. Kunze (Beschaffungsstelle), Berlin W 9. Hermann Göringstr. 14 anzufordern." (DZ/MGFA II L 49.)

[18] Mündliche Auskunft von Hans Jürgen Lang, Faßberg, gegenüber dem Verfasser. Friedrich Dette soll weiterhin ein überzeugter Nazi gewesen und von Dr. Herfurtner, der laut Dette als Nationalsozialist noch überzeugter gewesen sein soll („der hatte noch schneller als jeder andere den rechten Arm gehoben"), denunziert worden sein (mit anschließender, halbjähriger belgischer Internierung).

[19] Dittrich, Elke, Ernst Sagebiel (1892-1970): Leben und Werk, 1. Aufl., Lukas Verlag, Berlin 2005, S. 27.

[20] Preußische Staatsbibliothek, Jahresverzeichnis der deutschen Hochschulschriften, Band 43 (1927), S. 527.

[21] Stärk, wie oben, S. 45.

[22] Hofchronik des Sohlenhoffes Tewes, Anno 1416.

[23] Niederschrift über die Entstehung Faßbergs, undatiert, nach dem 16. April 1945, *gez. Weisner*, Anlage 12 zum „Protokoll" vom 16. Juli 1945, Archiv der Gemeinde Faßberg AF.AZ IIIB–03.06. „Ich habe diesen Bericht mit den Herren Oberfeldintendant Taubert und Bau-Ing. Grabe aufgestellt." Hugo Weisner erstattete nach Kriegsende in relativ kurzen Zeitabständen Lageberichte an den Landrat in Celle.

[24] HAMÜ, „25 Jahre Flugplatz: Noch immer Sturm- und Drangzeit – Aus der Schlichternheide wurde ein moderner Ort", Hannoversche Presse vom 6. Mai 1959.

[25] Stärk, wie oben, S. 45. Friedrich Weber war nach den Worten von Sohn Klaus stets mit dem Rad von Poitzen zum Fliegerhorst geradelt. Die Eltern hätten 1933 geheiratet, 1939 sei die Familie in die Graue Siedlung (Drosselweg 2) gezogen.

[26] Später übernahm Röbbeling das provisorische Kasino, welches ab dieser Zeit als DAF-Heim galt und einen größeren Mittagstisch bieten konnte. Das Heim lag am Trauener Weg, tief in dem Forst, daher ging man zu „August im Busch". Weisner, 30 Jahre Faßberg, wie oben, S. 8.

[27] Abgedruckt bei Stärk, wie oben, S. 48 f.

[28] Stellungnahme Friedrich Dettes zur Chronik „Faßberg", undatiertes loses Blatt (um 1972), Archiv der Gemeinde Faßberg.

[29] Glombek, wie oben, S. 264, weist darauf hin, dass die Namensgebung in Ableitung des historischen Geländenamens „Vallohs-Berg" laut Zeitzeugenberichten auf Oberst Keller zurückgegangen sei. Im Gespräch sei auch eine nicht belegbare alternative Ortsbezeichnung „Neu-Braunschweig" gewesen.

[30] Brief von Friedrich Dette, Drosselweg 2, Faßberg, an Gemeindedirektor Karl Hörnicke, undatiert (1982), Archiv der Gemeinde Faßberg.

[31] Geschichte des Fliegerhorstes Faßberg, Band I, Eintrag vom 18.4.1934. Am 14. August 1933 erließ der neu ernannte Reichsminister der Luftfahrt, Hermann Göring, eine Verfügung über die Aufstellung von 18 Fliegerschulen für die aufzubauende Luftwaffe. „Befehl über die Aufstellung der Fliegerschulen", Der Reichsminister der Luftfahrt, LA Nr. 1941/159/33 g. Kdos. A II 2 A, Berlin, den 14. August 1933.

[32] Vgl. Völker, Karl-Heinz, Die Deutsche Luftwaffe, 1933-1939: Aufbau, Führung und Rüstung der Luftwaffe sowie die Entwicklung der deutschen Luftkriegstheorie, Deutsche Verlags-Anstalt, Stuttgart 1967, S. 64.

[33] Geschichte des Fliegerhorstes Faßberg, Band I, Eintrag vom 1.5.1934.

[34] Dierich, Wolfgang, Kampfgeschwader 51 „Edelweiß", Motorbuch Verlag, Stuttgart 1974, S. 32.

[35] Geschichte des Fliegerhorstes Faßberg, Band I, Eintrag vom 1.5.1934.

[36] Stellungnahme Friedrich Dettes zur Chronik „Faßberg", undatiertes loses Blatt (um 1972), Archiv der Gemeinde Faßberg.

[37] Geschichte des Fliegerhorstes Faßberg, Band I, Eintrag vom 1.5.1934.

[38] Stellungnahme Friedrich Dettes zur Chronik „Faßberg", undatiertes loses Blatt (um 1972), Archiv der Gemeinde Faßberg.

[39] Material für Chronik TSLw 3, Bd. I, Keller S1 Info TSLw 3. Vgl. Meyer-Hartmann, Hermann, Geheime Kommandosache: Die Geschichte des Hildesheimer Fliegerhorstes, Quellen und Dokumentationen zur Stadtgeschichte Hildesheims, Bd. 2, Gebrüder Gerstenberg, Hildesheim 1993.

[40] Material für Chronik TSLw 3, Bd. I, Keller S1 Info TSLw 3.

[41] Kreisarchiv Celle, Az. 082-29 (Fach 400 Nr. 5): Flugplatz Faßberg (Schmarbeck), 1934-1937.

[42] D.V.S. = Deutsche Verkehrsflieger-Schule, Berlin-Staaken, gegründet im April 1925.

[43] Kreisarchiv Celle, Az. 082-29 (Fach 400 Nr. 5): Flugplatz Faßberg (Schmarbeck), 1934-1937.

[44] Kreisarchiv Celle, Az. 082-29 (Fach 400 Nr. 5): Flugplatz Faßberg (Schmarbeck), 1934-1937.

[45] Zit. n. Glombek, wie oben, S. 278.

[46] Geschichte des Fliegerhorstes Faßberg, Band I, Eintrag vom 21.10.1937.

[47] Geschichte des Fliegerhorstes Faßberg, Band I, Eintrag vom 24.7./5.8./6.9.1934. Nach Dierich, Wolfgang, Kampfgeschwader 55 „Greif", Motorbuch Verlag, Stuttgart 1975, S. 13, war Reichswehrminister von Blomberg am 6. *Oktober* 1934 auf dem Fliegerhorst.

[48] Rißmann, Hartmut, „Der Fliegerhorst Faßberg nördlich von Müden / Militärische Aufrüstung in idyllischer Landschaft – Der Bau des Flugplatzes ging zügig voran / Es gab viele Arbeitslose und genügend Arbeitswillige", Sachsenspiegel 31, Cellesche Zeitung vom 5. August 2006, Sachsenspiegel 32, Cellesche Zeitung vom 12. August 2006, hier: Teil 1.

[49] Ries, Karl, Luftwaffen-Story 1935-1939, Verlag Dieter Hoffman, Finthen/Mainz 1974, S. 69.

[50] Weisner, 30 Jahre Faßberg, wie oben, S. 8.

[51] Dittrich, wie oben, S. 61.

[52] Krogmann, Carl Vincent, Es ging um Deutschlands Zukunft 1932-1939 – Erlebtes täglich diktiert von dem früheren Regierenden Bürgermeister von Hamburg, Druffel-Verlag, Leoni am Starnberger See 1976, S. 184.

[53] Anonym („Albert Schreiber"), Woodman, Dorothy (Hrsg.), HITLER treibt zum Krieg – Dokumentarische Enthüllungen über Hitlers Geheimrüstungen, Editions du Carrefour, Paris 1934, S. 376.

[54] Archiv der Gemeinde Faßberg, IIIB 00-05.35.

[55] Dierich, Wolfgang, Kampfgeschwader 55 „Greif", Motorbuch Verlag, Stuttgart 1975, S. 13.

[56] Stellungnahme Friedrich Dettes zur Chronik „Faßberg", undatiertes loses Blatt (um 1972), Archiv der Gemeinde Faßberg.

[57] Vgl. Stärk, wie oben, S. 55.

[58] Dazu Hugo Weisner, 16. Juli 1945: „Im Jahre 1935 war das gesamte Bauvorhaben bis auf kleine erforderliche Bauteile voll belegt und in vollem Betrieb. Nachträglich wurden gebaut im Jahre 1935 das Kasino, im Jahre 1936 das große Schulgebäude (Haus 35) und im Jahre 1939 das Archivgebäude. Niederschrift über die Entstehung Faßbergs, wie oben.

[59] „Faßberg – der schönste Fliegerhorst", nld-Kurzreportage, Neuer Landes-Dienst Hannover, 3. Juli 1957. John Provan, Big Lift – Die Berliner Luftbrücke, 26. Juni 1948-30. September 1949, Ed. Temmen, 1998, S. 45, schreibt dazu widersprüchlich: „Faßberg in der Lüneburger Heide wurde 1936 von der deutschen Luftwaffe fertiggestellt und war einer der größten deutschen Flughäfen. Die Baukosten beliefen sich auf 750 Millionen Reichsmark. Dazu gehörte auch eine nahegelegene Stadt für 2500 Menschen."

[60] Reichsarbeitsblatt – Amtsblatt des Reichs- und Arbeitsministeriums, Teil VI „Bekanntma-chung von Tarifordnungen", S. 552, Ziffer 942/1: Tarifordnung für die Baustelle Schm-arbeck-Faßberg".

[61] Auskunft von Oberstabsfeldwebel a.D. Christoph Alexander gegenüber dem Verfasser.

[62] Erlass des Führers und Reichskanzlers über die Reichsluftwaffe, in: Bundesarchiv R43 II/127a.

[63] Prinz, Claudia, „Die Wiedereinführung der allgemeinen Wehrpflicht", in: www.dhm.de/lemo/html/nazi/aussenpolitik/wehrpflicht, Deutsches Historisches Museum, abgerufen am 16. Mai 2013.

[64] Nach Stärk, wie oben, S. 56, ereigneten sich im Zeitraum Juni bis Dezember 1935 über Deutschland monatlich im Durchschnitt 48 Flugzeugabstürze mit 7 Todesfolgen, „die Hälfte dieser Unfälle als Folge mangelnder Disziplin". Kommentar von Oberstabszahlmeister a.D. Friedrich Dette: „Die Bemerkungen über die durch Leichtsinnigkeit entstandenen Flugzeug-abstürze muß ich leider bestätigen und füge nur ein Wort hinzu: Alkohol!"

[65] Wenige Wochen später, am 30. April 1935, stürzte bekanntlich nicht weit entfernt, am Schneeberg, der Artillerieführer III, Generalmajor Heinrich Höring (1883-1935), ab.

[66] Kreisarchiv Celle, Az. 082-29 (Fach 400 Nr. 5): Flugplatz Faßberg (Schmarbeck), 1934-1937.

[67] Nds. HptStA Hann. 180 Lün., Acc. 3/034 Nr. 075.

[68] Neben den drei Wohnungsbaugesellschaften, die jeweils eine der Siedlungen besaßen, gab es nur sechs Privatgrundstücke in Faßberg: Weisner, Speckhan, Eilers, Boderius (später Grande), Armin Hörmann (heute Bürgerhaus) und das Schuhhaus Gralher.

[69] Nds. HptStA Hann. 180 Lün., Acc. 3/034 Nr. 091.

[70] Nds. HptStA Hann. 180 Lün., Acc. 3/030 Nr. 538.

[71] Marquess of Londonderry (Charles S. H. Vane-Tempest-Stewart), Ourselves and Germany, Penguin Books Limited, London 1938, S. 82.

[72] Baur, Hans, Flugkapitän, Ich flog Mächtige der Erde, Albert Pröpster, Kempten/Allgäu 1956, S. 259.

[73] Bericht von General der Flieger a. D. Richard Putzier, Hamburg, vom 24. August 1969, Stärk, wie oben, S. 60.

[74] Kreisarchiv Celle, Az. 082-29 (Fach 400 Nr. 5): Flugplatz Faßberg (Schmarbeck), 1934-1937.

[75] Kreisarchiv Celle, Az. 082-29 (Fach 400 Nr. 5): Flugplatz Faßberg (Schmarbeck), 1934-1937.

[76] Kreisarchiv Celle, Az. 082-29 (Fach 400 Nr. 5): Flugplatz Faßberg (Schmarbeck), 1934-1937.

[77] Stärk, wie oben, S. 64. Nach Glombek, wie oben, S. 279, war die Bebauung erst im Herbst 1938 „im Wesentlichen abgeschlossen".

[78] Stärk, wie oben, S. 62.

[79] Archiv der Gemeinde Faßberg, IIIB 00-13.16.

[80] Kreisarchiv Celle, Az. 082-29 (Fach 400 Nr. 5): Flugplatz Faßberg (Schmarbeck), 1934-1937.

[81] Kreisarchiv Celle, Az. 082-29 (Fach 400 Nr. 5): Flugplatz Faßberg (Schmarbeck), 1934-1937.

[82] Kreisarchiv Celle, Az. 082-29 (Fach 400 Nr. 5): Flugplatz Faßberg (Schmarbeck), 1934-1937.

[83] Kreisarchiv Celle, Az. 082-29 (Fach 400 Nr. 5): Flugplatz Faßberg (Schmarbeck), 1934-1937.

[84] Kreisarchiv Celle, Az. 082-29 (Fach 400 Nr. 5): Flugplatz Faßberg (Schmarbeck), 1934-1937.

[85] Kreisarchiv Celle, Az. 082-29 (Fach 400 Nr. 5): Flugplatz Faßberg (Schmarbeck), 1934-1937.

[86] Kreisarchiv Celle, Az. 082-29 (Fach 400 Nr. 5): Flugplatz Faßberg (Schmarbeck), 1934-1937.

[87] Kreisarchiv Celle, Az. 082-29 (Fach 400 Nr. 5): Flugplatz Faßberg (Schmarbeck), 1934-1937.

[88] Die Landgemeinde, Amtliches Organ des Deutschen Gemeindetages für ländliche Selbst-verwaltung, Bd. 46, 1937, S. 603.

[89] Nds. HptStA Hann. 129 Celle Nr. 49.

[90] Nds. HptStA Hann. 129 Celle Nr. 98.

[91] Geschichte des Fliegerhorstes Faßberg, Band I, Eintrag vom 1.3.1937.

[92] Geschichte des Fliegerhorstes Faßberg, Band I, Eintrag vom 15./16.3.1937.

[93] Geschichte des Fliegerhorstes Faßberg, Band I, Eintrag vom 20.4.1937. Hitler führte den Titel erst seit dem „Führererlass" vom 4. Februar 1938.

[94] Bericht vom 9. Juli 1969, Stärk, wie oben, S. 76 f.

[95] E-Hafen = feldmäßiger Einsatzhafen, um fliegende Verbände von ihren ausgebauten Horsten feldmäßig auf – als Start- und Landeplätze vorbereitete – Acker- und Wiesenflächen unterzubringen. (Völker, Karl-Heinz, Die deutsche Luftwaffe 1933-1939, Stuttgart 1967, S. 105 f.)

[96] Geschichte des Fliegerhorstes Faßberg, Band I, Eintrag vom 20.-26.9./29.9.1937.

[97] Geschichte des Fliegerhorstes Faßberg, Band I, Eintrag vom 30.9.1937.

[98] Geschichte des Fliegerhorstes Faßberg, Band I, Eintrag vom 1.10.1937.

[99] Geschichte des Fliegerhorstes Faßberg, Band I, Eintrag vom 21.10.1937.

[100] Ausführlich: Blazek, Matthias, „Hanna Reitsch flog 1937 von Faßberg aus einen Hubschrauberrekord", in: Faßberg – Luft- und Raumfahrt in der Heide, Broschüre zum Aero-SpaceDay Faßberg, Eigenverlag der Gemeinde Faßberg, Faßberg 2013, ISBN 978-3-00-042877-7, S. 58 f. Vgl. Stärk, wie oben, S. 77-79, 192 (Anhang).

[101] Ausführlich: Blazek, Matthias, „Vor 75 Jahren begann in Trauen die Forschung in der Luft- und Raumfahrttechnik – Raketenpionier Eugen Sänger arbeitete in der Heide an der Entwicklung schubstarker Antriebe", Sachsenspiegel 31, Cellesche Zeitung vom 4. August 2012.

[102] Geschichte des Fliegerhorstes Faßberg, Band I, Eintrag vom 21.10.1937.

[103] Archiv der Gemeinde Faßberg, 00-11.35.

[104] Material für Chronik TSLw 3, Bd. I, Keller S1 Info TSLw 3. Auflage: 600, Druck: Niedersächsische Tageszeitung GmbH, Hannover.

[105] Die Niedersächsische Tageszeitung – Kampfblatt für den Nationalsozialismus (NTZ) war eine ab dem 1. Februar 1931 herausgegebene, mehrfach verbotene Zeitung. Sie erschien unter Bernhard Rust als Herausgeber und Schriftleiter. (Wikipedia – die freie Enzyklopädie).

[106] Geschichte des Fliegerhorstes Faßberg, Band I, Eintrag vom 21.1.1938.

[107] Später gründeten ehemalige Angehörige des Kampfgeschwaders 4 die Traditionsgemeinschaft „General Wever". Im Zusammenhang mit einem Treffen in Faßberg vom 1. bis 3. Mai 1981 stellte man fest, dass der Horst sich gar nicht verändert habe und noch immer sehr gepflegt sei, nur die Bäume seien gewachsen. Man erinnerte sich an den Truppenarzt Dr. Scharff, der schon ab 1938 die Zivilbevölkerung ärztlich mitbetreute, einschließlich Geburtshilfe. Cellesche Zeitung vom 7. Mai 1981.

[108] Geschichte des Fliegerhorstes Faßberg, Band I, Eintrag vom 1./3.2.1938. Im Deutschen Bühnen-Jahrbuch verlautet 1944 über die Berliner Gastspielbühne (S. 161):
XLV. Reisendes Unternehmen.
Berlin-Charl., Steffeckstr. 17 (F. 311562).
Reichspropagandaamt: Gau Berlin, Sitz Berlin.
Landesleiter d. RThK.: Gau Berlin, Sitz Berlin.
Zuständiges Bezirks-Schiedsgericht: I Berlin.
Rechtsträger: Hans Homann, Charl., Steffeckstr. 17.
Verwaltung: F Ilona Anoldi, Verw. u. Kass., Charl., Steffeckstr. 17 (F. 311562).
Theaterarzt: Dr. Cytronowsky. **Rechtsbeistand:** Dr. Hans Beyer.

[109] Geschichte des Fliegerhorstes Faßberg, Band I, Eintrag vom 1.3.1938.

[110] Geschichte des Fliegerhorstes Faßberg, Band I, Eintrag vom 10. und 11.3.1938. Noch am 10. März 1938 wurde Stimmung für eine für Sonntag, 13. März, geplante Volksbefragung für ein unabhängiges Österreich gemacht, die Bundeskanzler Kurt Schuschnigg (1897-1977) als letzten Ausweg gegen den zunehmenden Druck Hitlers auf die österreichische Regierung ausrufen ließ. (ANNO: März 1938 – Der Anschluss Österreichs in Zeitungsquellen, www.lesen.tsn.at/content/artikel/anno-m%C3%A4rz-1938-%E2%80%93-der-anschluss-%C3%B6sterreichs-zeitungsquellen, abgerufen am 21. Mai 2013.)

[111] Bericht vom 11. September 1969, Stärk, wie oben, S. 80 f.

[112] Geschichte des Fliegerhorstes Faßberg, Band I, Eintrag vom 12.3.1938. Dazu Foto bei Stärk, S. 80: „Antreten aller Kompanien und der zivilen Belegung mit Verlesung der Proklamation des Führers durch Reichsminister Dr. Goebbels anläßlich des Anschlusses der Ostmark an das Reich" (12. März 1938 – Bildtext im Horstalbum).

[113] Geschichte des Fliegerhorstes Faßberg, Band I, Eintrag vom 13.3.1938.

[114] Geschichte des Fliegerhorstes Faßberg, Band I, Eintrag vom 13.3.1938.

[115] Geschichte des Fliegerhorstes Faßberg, Band I, Eintrag vom 16.3.1938.

[116] Geschichte des Fliegerhorstes Faßberg, Band I, Eintrag vom 18.3.1938.

[117] Geschichte des Fliegerhorstes Faßberg, Band I, Eintrag vom 19.3.1938.

[118] Geschichte des Fliegerhorstes Faßberg, Band I, Eintrag vom 22.3.1938.

[119] Der SS-Hauptsturmführer Hermann Passe wurde am 13. September 1894 als Sohn eines Landwirts in Hemelingen bei Bremen geboren. Er war von Beruf Bankbeamter, später Bürgermeister seiner Heimatgemeinde, ab 1. Dezember 1930 Mitglied der NSDAP und ab 1932 Mitglied der SS. Bis November 1936 leitete er die NSDAP-Ortsgruppe Hemelingen. Danach war er bis September 1937 kommissarischer Kreisleiter im Kreis Verden und von 1937 bis 1939 Kreisleiter in Celle. Von 1941 bis 1945 war er als General z.b.V. und mit der Amtsbezeichnung Ministerialdirektor Leiter des Amtes II W „Wehrmachtsfragen" der Partei-Kanzlei der NSDAP und deren Verbindungsführer zum Oberkommando der Wehrmacht in Berlin (Bundesarchiv Koblenz BA Z 42 IV/5984 [ehemals BDC SSO, P K, RuS], Landesarchiv M-V: Mecklenburg im Zweiten Weltkrieg, 1. Aufl., 2009, S. 1051.) Passe trug ab 30. Januar 1943 das Goldene Parteiabzeichen der NSDAP. Nach dem Krieg verlieren sich seine Spuren. Sein älterer Bruder Johann, am 9. März 1893 in Hemelingen geboren, diente ebenfalls als Funktionär seiner Partei, nämlich als NSDAP-Fraktionsführer.

[120] Geschichte des Fliegerhorstes Faßberg, Band I, Eintrag vom 1.4.1938.

[121] Geschichte des Fliegerhorstes Faßberg, Band I, Eintrag vom 1.4.1938.

[122] Geschichte des Fliegerhorstes Faßberg, Band I, Eintrag vom 4.4.1938. Im Musikkorps wirkte u. a. der Feldwebel Karl-Heinz Hilse (verh. mit Elfriede Hilse, geb. Blanck) mit, dessen Gebührnismitteilungen von 1940 bis 1944 im Archiv der TSLw 3 archiviert sind (Material für Chronik TSLw 3, Bd. I, Keller S1 Info TSLw 3).

[123] Geschichte des Fliegerhorstes Faßberg, Band I, Eintrag vom 9.4.1938.

[124] Geschichte des Fliegerhorstes Faßberg, Band I, Eintrag vom 10.4.1938.

[125] Geschichte des Fliegerhorstes Faßberg, Band I, Eintrag vom 20.4.1938.

[126] Geschichte des Fliegerhorstes Faßberg, Band I, Eintrag vom 30.4.1938.

[127] Geschichte des Fliegerhorstes Faßberg, Band I, Eintrag vom 1.5.1938.

[128] Geschichte des Fliegerhorstes Faßberg, Band I, Eintrag vom 21.5.1938.

[129] Geschichte des Fliegerhorstes Faßberg, Band I, Eintrag vom 1.6.1938 und 16.6.1938.

[130] Geschichte des Fliegerhorstes Faßberg, Band I, Eintrag vom 21.6.1938. Da die Sonnenwende den Anfang der Ernte symbolisiert, nutzten die Nationalsozialisten dieses bäuerliche Brauchtum, um den Bauernstand zu ehren und ihn ideologisch und politisch in die nationalsozialistische Bewegung zu integrieren.

[131] Geschichte des Fliegerhorstes Faßberg, Band I, Eintrag vom 1.7.1938.

[132] Geschichte des Fliegerhorstes Faßberg, Band I, Eintrag vom 1.7.1938. Die Fliegergruppe 40 wurde von folgenden Offizieren geführt: Gruppenkommandeur Major Georg Spielvogel, 1. Staffel Hauptmann Otto Weiß, 2. Staffel Hauptmann Franz Albrecht, 3. Staffel Oberleutnant Kurt Rentzsch. Balke, Ulf, Der Luftkrieg in Europa, 1989, S. 21 f.

[133] Geschichte des Fliegerhorstes Faßberg, Band I, Eintrag vom 4.7.1938.

[134] Geschichte des Fliegerhorstes Faßberg, Band I, Eintrag vom 21.7.1938. Siehe dazu das Foto bei Stärk, wie oben, S. 57.

[135] Geschichte des Fliegerhorstes Faßberg, Band I, Eintrag vom 8.8.1938.

[136] Geschichte des Fliegerhorstes Faßberg, Band I, Eintrag vom 20.8.1938.

[137] Geschichte des Fliegerhorstes Faßberg, Band I, Eintrag vom 7.9.1938.

[138] Geschichte des Fliegerhorstes Faßberg, Band I, Eintrag vom 10.9.1938.

[139] Geschichte des Fliegerhorstes Faßberg, Band I, Eintrag vom 21.9.1938.

[140] Geschichte des Fliegerhorstes Faßberg, Band I, Eintrag vom 18.u.19.10.1938.

[141] Geschichte des Fliegerhorstes Faßberg, Band I, Eintrag vom 25.10.1938.

[142] Geschichte des Fliegerhorstes Faßberg, Band I, Eintrag vom 31.10.1938.

[143] Geschichte des Fliegerhorstes Faßberg, Band I, Eintrag vom 9.11.1938.

[144] Geschichte des Fliegerhorstes Faßberg, Band I, Eintrag vom 10.11.1938.

[145] Geschichte des Fliegerhorstes Faßberg, Band I, Eintrag vom 8.12.1938. Interessant ist, dass es in der als „nationalsozialistisch" angesehenen Luftwaffe zu Weihnachtsfeiern kam (vgl. unterschiedliche Handhabung der Seelsorge in den Wehrmachtsteilen).

[146] Geschichte des Fliegerhorstes Faßberg, Band I, Eintrag vom 18.12.1938.

[147] Monatschrift für Pastoraltheologie (MPTh) zur Vertiefung des gesamten pfarramtlichen Wirkens 35, Göttingen 1939, S. 85.

[148] Geschichte des Fliegerhorstes Faßberg, Band I, Eintrag vom 18.12.1938.

[149] Geschichte des Fliegerhorstes Faßberg, Band I, Eintrag vom 24./26.1.1939.

[150] Geschichte des Fliegerhorstes Faßberg, Band I, Eintrag vom 4.2.1939.

[151] Geschichte des Fliegerhorstes Faßberg, Band I, Eintrag vom 12.3.1939.

[152] Geschichte des Fliegerhorstes Faßberg, Band I, Eintrag vom 28.3.1939.

[153] Geschichte des Fliegerhorstes Faßberg, Band I, Eintrag vom 18./19.3.1939.

[154] Geschichte des Fliegerhorstes Faßberg, Band I, Eintrag vom 31.3.1939.

[155] Geschichte des Fliegerhorstes Faßberg, Band I, Eintrag vom 13.4.1939.

[156] Geschichte des Fliegerhorstes Faßberg, Band I, Eintrag vom 18.4.1939.

[157] Geschichte des Fliegerhorstes Faßberg, Band I, Eintrag vom 20.4.1939.

[158] Geschichte des Fliegerhorstes Faßberg, Band I, Eintrag vom 1.5.1939.

[159] Geschichte des Fliegerhorstes Faßberg, Band I, Eintrag vom 6.6.1939.

[160] Weisner, 30 Jahre Faßberg, wie oben, S. 2.

[161] Niederschrift über die Entstehung Faßbergs, wie oben.

[162] Staatsarchiv Wolfenbüttel 119 N Nr. 8, Nachricht von Dr. Martin Fimpel. Ursula Trüper schreibt in dem Zeitungsbeitrag „Herr Kleinschmidt aus Afrika – Wie eine ganz besonders nationalsozialistische Familie unter der Rassenideologie zu leiden hatte – und am Ende darüber ziemlich froh sein konnte", Berliner Zeitung vom 11. September 2010, über den ältesten Sohn des Studienrates Hans Kleinschmidt in Ilfeld im Südharz, Hans, der im April 1938 auf Beschluss des Obersten Parteigerichts aus rassenideologischen Erwägungen aus der NSDAP ausgeschlossen worden und im Juni 1941 bei Brest-Litowsk gefallen sei.

[163] Der vom OKW/WFA/L IIc Nr. 2100/39 g. K. am 25. August 1939 erlassene X-Befehl ordnete die Teilmobilmachung an, versuchte jedoch, die Erklärung des Kriegszustandes zu vermeiden. Am gleichen Tag befahl der „Oberste Befehlshaber der Wehrmacht" den Obersten Reichsbehörden und Wehrmachtteilen: „Der Führer und Reichskanzler hat für die Masse der Wehrmacht die Mobilmachung ohne öffentliche Verkündung (X-Fall) befohlen. (...)"

[164] Geschichte des Fliegerhorstes Faßberg, Band II, Eintrag vom 11.2.1940. Die Namen der Toten aus einer undatierten Recherchearbeit über Flugzeugunglücke im Zusammenhang mit dem Fliegerhorst (2. Februar 1940 bis 8. September 1944), Archiv der Gemeinde Faßberg.

[165] Geschichte des Fliegerhorstes Faßberg, Band II, Eintrag vom 4.4.1940. Die Namen der Toten Recherchearbeit wie oben, Archiv der Gemeinde Faßberg.

[166] Information von Oberstabsfeldwebel a.D. Christoph Alexander.

[167] Bruns, „Faßberg bis Mai 1945", wie oben.

[168] Nach etwa elfjähriger Beschäftigung bei der RAF Faßberg wurde Edith Gersch am 15. Dezember 1956 in die Bundeswehrverwaltung eingestellt. Der Knüppel Nr. 3/1984, 3. März 1984, S. 8.

[169] Geschichte des Fliegerhorstes Faßberg, Band II, Eintrag vom 14.1.1941.

[170] Geschichte des Fliegerhorstes Faßberg, Band II, Eintrag vom 3.3.1941.

[171] Nds. HptStA Hann. 180 Lün., Acc. 3/034 Nr. 210.

[172] Schäfer-Richter, Uta, Im Niemandsland – Christen jüdischer Herkunft im Nationalsozialismus. Das Beispiel der hannoverschen Landeskirche, Wallstein Verlag GmbH, 2009, S. 263. Quellenangabe: Kreisarchiv Celle, N 3 Nr. 5a: Einzelne Juden und Mischlinge im Landkreis Celle 1940-1945.

[173] Stärk, wie oben, S. 93.

[174] Bericht von Oberst Kurt Hake, Hamburg, vom 14. Oktober 1969 an Hans Stärk (Stärk, wie oben, S. 93).

[175] Heimatgeschichtlicher Wegweiser zu Stätten des Widerstandes und der Verfolgung 1933-1945, Band 2: Niedersachsen I – Regierungsbezirke Braunschweig und Lüneburg, Pahl-Rugenstein Verlag GmbH, Köln 1985, S. 76. Der sowjetische Kriegsgefangene Valentin Juck, der beim Bahnkommando Poitzen beschäftigt war, wurde am 14. April 1945 im Wald erhängt aufgefunden. (Ebenda, S. 76.) Überliefert ist eine „Lageskizze der ehem. Ostarbeitersiedlung auf dem Gelände des Fliegerhorstes Faßberg", aufgestellt am 7. März 1946 von Bauingenieur Jandt (Archiv der Gemeinde Faßberg).

[176] Stellungnahme Friedrich Dettes zur Chronik „Faßberg", undatiertes loses Blatt (um 1972), Archiv der Gemeinde Faßberg.

[177] Weisner, 30 Jahre Faßberg, wie oben, S. 3.

[178] Stärk, wie oben, S. 91, 96.

[179] Bruns, August, „Faßberg bis Mai 1945", Textvorlage für Beitrag im „Knüppel", 1985, Archiv der Gemeinde Faßberg. Nach der Erinnerung von Gutsbezirksvorsteher Hugo Weisner fielen an dem Tag Bomben in einen Gemüsegarten am Jägerweg, auf die Große Horststraße und auf das eigene Grundstück. „Den ersten Luftangriff erlebte Faßberg am 18.6.1944." Niederschrift über die Entstehung Faßbergs von Hugo Weisner (AF. Az. IIIB 00–03.06), durch Aktenbeleg nicht dokumentiert.

[180] Bruns, „Faßberg bis Mai 1945", wie oben.

[181] Brief vom 4. November 1951, Archiv der Gemeinde Faßberg. Transkription einer auszugsweisen Schreibmaschinenabschrift in die alte deutsche Rechtschreibung, da die von Dipl. Ing. Theodor Richter, Wolfsburg, am 2. November 1981 benutzte Schreibmaschine das Eszett nicht kannte.

[182] Über den Bombenangriff am 4. April 1945 (und auch die Luftminensprengung am 13. April 1945 sowie das Eintreffen der Engländer auf dem Fliegerhorst am 16. April 1945) gibt es eine sehr umfangreiche handschriftliche Darstellung nebst zahlreichen Luftbildern und Auszügen aus der Sekundärliteratur von Oberlandesgerichtsrat i.R. W. Kuhlmann, Niederohe/Unterlüß Land, aus dem Jahre 1948, Abschrift von Hanna Fueß im Januar 1956. PDF-Datei, Digitales Archiv der TSLw 3.

[183] Freeman, Roger A., The Mighty Eight War Diary, o.O. u. J. Bruns, Eike, Faßberg – Von der Militärsiedlung zur Gemeinde (Überblick [1933-1982]), Munster/Faßberg 2013, S. 3. Vgl. dazu Glombek, wie oben, S. 292, Fußnote 46.

[184] Fueß, Hanna, „Kriegs- und Nachkriegschronik", Bd. I bis IV (Ms), Kreisarchiv Celle + Stadtarchiv Celle.

[185] Glombek, wie oben, S. 97, 123.

[186] Bericht vom 16. Juli 1945, Archiv der Gemeinde Faßberg AF.AZ IIIB–03.06.

[187] Alex, „Was wird aus Faßberg? / Wenige Männer retteten Milliarde", Hannoversche Presse vom 27. September 1949, Archiv der Gemeinde Faßberg. Da heißt es weiter: „Auf dem Flugplatz war auch kein Fanatiker mehr zu finden. Neue Einheiten wurden zusammengestellt, und kaum einer kannte den anderen. In Faßberg liegen 3 Soldaten und eine Luftwaffenhelferin beerdigt, von denen niemand die Namen feststellen konnte." Walter Kopsch berichtete am 15. Juli 1945, dass die horsteigenen Anlagen zur Warmwasser- und Dampferzeugung, die Kläranlagen mit ihren Pumpwerken, die Kanalisation und das Schwimmbad wieder voll funktionsfähig gemacht werden konnten. (Glombek, wie oben, S. 298.)

[188] Saft, Ulrich, Der Kampf um Norddeutschland – Das bittere Ende zwischen Weser und Elbe 1945, 5. Aufl., Lindenbaum Verlag, Schnellbach 2011, S. 407. Vgl. Voss, Klaus; Kehlenbeck, Paul, Letzte Divisionen 1945, 1. Aufl., Amun, Schleusingen 2000, S. 70.

[189] Sievers, Helmut, Faßberg und die Luftbrücke Berlin aus der Sicht des Bauingenieurs, Chronik der Staatlichen Bauleitung Faßberg (01.03.1947-30.09.1956), Faßberg 1988, S. 12.

[190] NN, „Vor 30 Jahren", Der Knüppel – Mitteilungsblatt für die Samtgemeinde Faßberg, Nr. 7/75, 2. April 1975, S. 1 f.

[191] Bruns, „Faßberg bis Mai 1945", wie oben.

[192] Grube, Michael, „Fliegerhorst Faßberg", www.geschichtsspuren.de, 23. Mai 2001, abgerufen am 24. April 2013.

[193] Postkarte vom 16. April 1945, erwähnt im Brief vom 14. April 1970 (Hugo Weisner, Hannover). Archiv der Gemeinde Faßberg.

[194] Stärk, wie oben, S. 101 f.

[195] Grube, „Fliegerhorst Faßberg", wie oben.

[196] Ahlers, Rolf (Hrsg.), Geschichte des Forschungsstandortes Braunschweig-Völkenrode, Appelhans Verlag, 2003, S. 94.

[197] Sievers, wie oben, S. 13.

[198] Ebenda.

[199] Weisner, 30 Jahre Faßberg, wie oben, S. 5. Bau-Ing. Ludwig Grabe gehörte lange Jahre dem Luftwaffenbauamt an.

[200] „Das weißen wir heut' nicht mehr!", Sonderdruck zum 70. Geburtstag von August Bruns, von den „Bayern Fritz Schmoldt mit Ernie + Susanne, Bad Wiessee am 22ten Juli 1985".

[201] Der Knüppel – Mitteilungsblatt für die Gemeinde Faßberg, Nr. 7/1983, 27. Mai 1983, S. 6.

[202] Meinhardt, Walter, „Die ‚Deutschen Dienstgruppen' und Faßberg", in: Tag der offenen Tür Fliegerhorst Faßberg, 4.6.1983, Programmheft, Faßberg 1983, o. S. (S. 45).

[203] Homepage von Carsten Hertrampf: www.fassberg.12see.de.

[204] Möller, Horst (Hrsg.); Čubar'jan, Aleksandr (Hrsg.), Mitteilungen der Gemeinsamen Kommission für die Erforschung der jüngeren Geschichte der deutsch-russischen Beziehungen, Oldenbourg Wissenschaftsverlag GmbH, München 2010, S. 228. Hildebrandt, Karl Friedrich, Die Generale der Luftwaffe 1935-1945, Habermehl-Nuber, Biblio Verlag, Osnabrück 1991, S. 280 f. Vgl. Kaltenegger, Roland, Titos Kriegsgefangene – Folterlager, Hungermärsche und Schauprozesse, Leopold Stocker Verlag, Graz 2001, S. 170-174.

[205] Huschke, Wolfgang J., Die Rosinenbomber: Die Berliner Luftbrücke 1948/49, ihre technischen Voraussetzungen und deren erfolgreiche Umsetzung, BWV Verlag, Berlin 2008, S. 176.

[206] Ausführlich: Buhr, Karl-Heinz, „In West-Berlin gehen die Lichter aus / Blockade des Zugangsverkehrs von 1948/49 – Umfangreiche Gütertransporte von ‚Airfield' Faßberg und Celle-Wietzenbruch aus", Sachsenspiegel 25, Cellesche Zeitung vom 21. Juni 2008.

[207] Sievers, wie oben, S. 35 f.

[208] Kesselring, Albert, Soldat bis zum letzten Tag, 1. Aufl., Athenäum-Verlag, Bonn 1953, S. 34. Zur Problematik der Memoiren von Kesselring vgl. Lingen, Kerstin von, Kesselrings letzte Schlacht – Kriegsverbrecherprozesse, Vergangenheitspolitik und Wiederbewaffnung: Der Fall Kesselring, Paderborn 2004.

[209] Sievers, Helmut, „Randerscheinungen der Luftbrücke", in ders.: Faßberg und die Luftbrücke Berlin ..., wie oben, S. 33.

[210] Ebenda.

[211] Meinhardt, wie oben, o. S. (S. 47).

[212] PZ Nr. 31/Dezember 1982, S. 20. Information für die Truppe, 3/1979, S. 75.

[213] Angaben von Stiftung Luftbrückendank.

[214] NN, „50 Jahre Fliegerhorst – vor 35 Jahren »Luftbrücke Berlin«, Der Knüppel – Mitteilungsblatt für die Gemeinde Faßberg, 12. Jahrgang, Nr. 7/1983, 27. Mai 1983, S. 6.

[215] Material für Chronik TSLw 3, Bd. I, Keller S1 Info TSLw 3.

[216] Glombek, wie oben, S. 303.

[217] Archiv der Gemeinde Faßberg, IIIB 00-05.44.

[218] HAMÜ, Noch immer Sturm- und Drangzeit, wie oben.

[219] Vgl. B. (Barenscheer), „Faßberg – eine künstliche Siedlung", Sachsenspiegel, Cellesche Zeitung vom 17. Juli 1954.

[220] Vgl. Clement, Rolf; Jöris, Paul Elmar, 50 Jahre Bundeswehr 1955-2005, E.S. Mittler & Sohn, Hamburg, Berlin, Bonn 2005, S. 75 ff.

[221] Der Bundesminister für Verteidigung Verwaltungsstelle im Wehrbereich II (Wehrbereichsverwaltung II)/1 TgbNr. 2340/56 vom 27. August 1956.

[222] Schlegel, wie oben, S. 16.

[223] Entnommen aus: Schlegel, Siegfried, StOV Faßberg (Verantw.), 25 Jahre Standortverwaltung Faßberg, Faßberg 1981, S. 15.

[224] Der vollständige diesbezügliche Schriftverkehr aus der ersten Hälfte des Jahres 1956 ist abgelegt im Ordner Militär-Tagebuch 1956-1966, Archiv der TSLw 3.

[225] Chronik 20 Jahre Technische Schule der Luftwaffe 3 Faßberg und Wunstorf 1956-1976, gedruckt und hrsg. von Technische Schule der Luftwaffe 3, 1976, S. 11 f.

[226] Genth, Udo, Flugplatz und Siedlung: Zwei Faßberger Geburtstage – Mit erstem Spatenstich am 6. November 1933 begann Bau des Flugplatzes", Sonderseite „Mittendrin", Cellesche Zeitung vom 15. Juni 2012.

[227] Rotenburger Kreiszeitung, Heimatzeitung für den Kreis Rotenburg, vom 4. Juli 1957.

[228] „Faßberg – der schönste Fliegerhorst", nld-Kurzreportage, Neuer Landes-Dienst Hannover, 3. Juli 1957.

[229] Becker, Peter, „Die Entdeckung von Faßberg", Computerausdruck (3 S.), 2007, Archiv der Gemeinde Faßberg.

[230] Material für Chronik TSLw 3, Bd. I, Keller S1 Info TSLw 3. Schenkung von Oberstabsfeldwebel a.D. Hans Jürgen Lang.

[231] Technische Schule der Luftwaffe 3 (Hrsg.), 50 Jahre Ausbildungswerkstatt Technische Schule der Luftwaffe 3, Faßberg 1960-2010, Faßberg 2010, S. 13.

[232] Steinleger, Elke, Faßberg – Von der Militärsiedlung zur Mittelpunktsiedlung einer Großgemeinde, Schriftliche Hausarbeit im Rahmen der fachwissenschaftlichen Prüfung für das Lehramt an Gymnasien, Faßberg 1982, S. 103.

[233] Steinleger, wie oben, S. 106.

[234] Ordner Militär-Tagebuch 1956-1966, Archiv TSLw 3.

[235] Steinleger, wie oben, S. 126.

[236] Vgl. Schmidt-Stein, Hans-Joachim, Die Samtgemeinde nach der Verwaltungs- und Gebietsreform in Niedersachsen, Göttingen 1982; Blazek, Matthias, „Die Samtgemeinde Wathlingen wurde im Zuge der Verwaltungs- und Gebietsreform 1973 gebildet", MyHeimat.de, 20. Juni 2013.

[237] Niedersächsisches Gesetz- und Verordnungsblatt 1976 (Nr. 37, S. 317-318). Am 30. Juni 1976 zählte Faßberg 4568 Einwohner.

[238] Schlegel, wie oben, S. 25.

[239] Bruns, Eike, Faßberg – Von der Militärsiedlung zur Gemeinde (Überblick [1933-1982]), Munster/Faßberg 2013, S. 7.

[240] Technische Schule der Luftwaffe 3 (Hrsg.), 25 Jahre Technische Schule der Luftwaffe 3 Faßberg und Wunstorf 1956-1981, Faßberg 1981, S. 40.

[241] Bruns, Eike, wie oben, S. 7.

[242] „Vor 25 Jahren in Faßberg: Fahnenjunker verrichteten Küchendienst – Nach einem Vierteljahrhundert Wiedersehensfeier des ‚Sonnenscheinjahrgangs' 1957", Cellesche Zeitung, S. 7 (Quer durch Stadt und Land), 7. Oktober 1982.

[243] „Rund 45000 Besucher am Sonnabend beim Flugtag in Faßberg", Cellesche Zeitung, 1983, Material für Chronik TSLw 3, Bd. I, Keller S1 Info TSLw 3.

[244] Amtsblatt für den Landkreis Celle, 1984.

[245] Ausführlicher Beitrag von Redakteur Hans-Jürgen Galisch, Cellesche Zeitung vom 22. Mai 1993: „Nach zwei Stunden sind drei Bell UH-1 D in den Bäuchen der beiden Düsenriesen verschwunden".

[246] Tintemann, Siegbert, „Der Faßberg Flyer", in: Broschüre aus Anlass des 60. Jahrestags des Endes der Berliner Luftbrücke, hrsg. vom Förderverein für die Erinnerungsstätte Luftbrücke Berlin e.V., Faßberg 2009, o. S. Darin auch ausführlich die Geschichte der Berliner Luftbrücke.

[247] Cellesche Zeitung vom 26. Juni 2013.

[248] „Dr. Ritscher in Bredstedt verfügte über ein eher bescheidenes diagnostisches und therapeutisches Repertoire", heißt es in „Wagnis und Fügung" von Heinz Eduard Tödt (2013, S. 19).

ibidem
Verlag

Matthias Blazek

Die Schlacht bei Trautenau

Der einzige Sieg Österreichs im Deutschen Krieg 1866

ISBN 978-3-8382-0367-6
104 Seiten, Paperback. 16,90 €

Das einzige siegreiche Gefecht der österreichischen Truppen gegen Preußen im Deutschen Krieg von 1866 fand am 27. Juni 1866 in Trautenau (Trutnov) im Riesengebirge statt: Die Schlacht von Trautenau (Bitva u Trutnova).

Nach einem überraschenden Angriff des österreichischen X. Korps unter Feldmarschallleutnant Ludwig von Gablenz zwang Adolf von Bonin, kommandierender General des preußischen I. Korps, die österreichischen Truppen zum Rückzug. In der Folge irrte von Bonin aber darin, damit sei die Schlacht gewonnen, und zog seine Truppen weiter. Als die österreichischen Truppen kurz darauf erneut von den Flanken angriffen, schlugen sie die Preußen daher trotz hoher eigener Verluste in die Flucht und entschieden so die einzige Schlacht im Deutschen Krieg für sich.

Bereits am folgenden Tag jedoch schlugen die preußischen Truppen zurück: Im Gefecht von Burkersdorf am 28. Juni 1866 wurde das österreichische X. Korps nahezu vollständig aufgerieben. Am 3. Juli 1866 schließlich erfolgte der entscheidende Sieg Preußens gegen Österreich in der Schlacht von Königgrätz.

Wie kein Zweiter vermag Matthias Blazek Geschichte für jedermann erlebbar zu machen und den Leser in seinen Bann zu schlagen. In diesem Werk zeichnet er anhand zahlreicher zeitgenössischer Dokumente die Vorgänge minutiös nach. Plastisch und spannend schildert Blazek preußische Landesgeschichte, flankiert von zahlreichen, bislang weitgehend unbekannten historischen Fotografien, Illustrationen und Faksimiles.

Bestellen Sie per Fax: 0511 26 222 01 | telefonisch: 0511 26 222 00 | online: www.ibidem-verlag.de
in Ihrer Buchhandlung

ibidem
Verlag

Matthias Blazek

Die Anfänge des Celler Landgestüts und des Celler Zuchthauses

sowie weiterer Einrichtungen im Kurfürstentum und Königreich Hannover 1692-1866

ISBN 978-3-8382-0247-1
150 Seiten, Paperback. € 18,90

Matthias Blazek beschreibt anschaulich und auf Grundlage zahlreicher historischer Urkunden Landstriche, Begebenheiten und Schicksale auf heutigem niedersächsischem Gebiet, wobei er in seinem jüngsten Werk den Fokus auf das Kurfürstentum Hannover (1692-1814) und das daraus hervorgegangene Königreich Hannover (1814-1866) richtet. Getreu dem kurhannoverschen Wahlspruch NEC ASPERA TERRENT (Auch Widrigkeiten schrecken nicht) begab sich der Autor erneut in die Tiefen der Archive der niedersächsischen Landesgeschichte und trug dabei Erstaunliches und Faszinierendes zusammen, darunter auch bislang nahezu gänzlich unbekannte Details zur Geschichte des Celler Landgestüts, beginnend mit dem ersten Gestütsleiter, George Roger Brown, und des Celler „Werck-, Zucht- und Tollhauses", der heutigen Justizvollzugsanstalt Celle. Weitgehend unbekannt dürften auch die Bilddokumente zum Bau einer der ältesten hannoverschen Eisenbahnen sein, der Bahnstrecke Lehrte-Celle.

Wie kein Zweiter vermag Matthias Blazek Geschichte für jedermann erlebbar zu machen und den Leser in seinen Bann zu schlagen. Plastisch und spannend schildert er niedersächsische Landesgeschichte, flankiert von zahlreichen veranschaulichenden historischen Fotos, Illustrationen und Faksimiles.

Ein Buch, das sich an jeden wendet, der an niedersächsischer Landesgeschichte interessiert ist.

Bestellen Sie per Fax: 0511 26 222 01 | telefonisch: 0511 26 222 00 | online: www.ibidem-verlag.de
in Ihrer Buchhandlung

ibidem-Verlag

Melchiorstr. 15

D-70439 Stuttgart

info@ibidem-verlag.de

www.ibidem-verlag.de
www.ibidem.eu
www.edition-noema.de
www.autorenbetreuung.de